INTENSIDAD MAX

ELSA PATAKY

FERNANDO SARTORIUS

INTENSIDAD MAX

Primera edición: mayo de 2014
Quinta edición: julio de 2014

Avenida de Alfonso XIII, 1, bajos
28002 Madrid
Tel.: 91 296 02 00
www.esferalibros.com

Fotografías de interior: Getty Images, Shutterstock y 123rf
Fotografías de Elsa Pataky: Jaume Laiguana
Infografías: Tania Estévez
Diseño y maquetación: Santiago Rodés
ISBN: 978-84-9060-133-4
Depósito legal: M. 10.066-2014
Impresión: Anzos
Encuadernación: Méndez

Impreso en España - *Printed in Spain*

INTENSIDAD MAX

UN PLAN DE EJERCICIOS Y NUTRICIÓN PARA SACAR
LO MEJOR DE TI MISMA EN SOLO 90 DÍAS

03

04

05

Los proyectos son difíciles de llevar a cabo,
por lo que tenemos que agradecer de todo corazón
a las personas que nos han ayudado en el camino.

En especial a Cristina Medianu Pataky y a Karina Luciano Guimaraes, por su profesionalidad, paciencia y dedicación.
Sin vosotras habríamos estado bastante perdidos.

Y a todas las mujeres del mundo que quieren mejorar
cada día un poco más. Vosotras habéis sido nuestra inspiración.

Mejor lo intenso que lo extenso.
La perfección no consiste en la cantidad,
sino en la calidad.

BALTASAR GRACIÁN, *El arte de la prudencia*

intenso

PRÓLOGO

Conozco a Fernando Sartorius desde hace más de veinte años. Al fin y al cabo los dos nos dedicamos a lo mismo: a ayudar a la gente a estar sana y en forma. He colaborado gustosamente en su anterior libro y en varios de sus programas de televisión. Fernando vive la vida con pasión y con Intensidad Máxima, como señala en este nuevo libro. Solo tienes que estar unos minutos con él para darte cuenta de ello y sentirte contagiado por su entusiasmo.

De la mano de Elsa Pataky nos presenta en este libro, dirigido a las mujeres, las últimas tendencias científicas en el ejercicio y la nutrición para conseguir la mejor versión de ti misma y estar bella, sana y en forma. Con un lenguaje fácil de entender, directo, claro y conciso, ambos proponen un desafío de 90 días para lograr no solo unos objetivos concretos, sino, lo que es más importante, cambiar tus hábitos de vida para siempre.

Entrenamiento de fuerza, ejercicio cardiovascular de alta intensidad, dieta de bajo índice glucémico..., estas son las claves de un libro valiente y provocador, como sus propios autores, que no dejará indiferente a nadie. Te animo a iniciar tu desafío de 90 días y a disfrutar de los logros que día a día irás consiguiendo.

Dr. Ángel Durántez Prados

Doctor en Medicina y Cirugía
Especialista en Medicina del Deporte
Titulado en *Age Management* en Estados Unidos
Director Médico de la Clínica
NEOLIFE Age Management Medicine

INTRODUCCIÓN

INTENSIDAD MAX

¿CÓMO SURGIÓ INTENSIDAD MAX?

Si me pides que te cuente qué motores mueven mi vida tendría que hablarte de tres: mi familia, el trabajo y el deporte. No me imagino prescindiendo de ninguno de ellos porque son los cimientos para todo lo demás. Me ayudan a ser lo que soy y a seguir construyendo.

Quien me conoce ya sabe que siempre he hecho mucho ejercicio. Comencé a los quince años. En esa época iba bastante al gimnasio en Madrid y aprendí todo lo que pude sobre entrenamiento y nutrición. Creo que el ejercicio me enganchó en aquel entonces y ya nunca lo he dejado. Aun así, ha habido épocas más activas que otras y sé lo que cuesta a veces ponerse en marcha. Por eso también sé que viene genial tener un plan de trabajo fiable y muy específico para arrancar: te ayuda a recuperar esos hábitos (o a afianzarlos si no los tenías) y es el mejor empujón posible para adoptar una estrategia ganadora.

Conozco a Fernando desde hace unos cuantos años y hemos hablado de esto muchas veces. Desde luego, él es el experto en *fitness* y un entrenador estupendo, pero igual que le ocurre a él, yo también tengo amigas que me piden consejo para estar más en forma o me ruegan que comparta con ellas mi programa de entrenamiento. Suele ser siempre igual: amigas que llevan unos meses haciendo ejercicio con regularidad y como si nada. Le pasa a demasiada gente. Para muchos es el paso previo a abandonar el gimnasio, y resulta muy frustrante, pero ¿por qué ocurre esto?

La respuesta: porque falta la intensidad. Y a menudo ni siquiera nos damos cuenta.

En la vida, en las relaciones, en las cosas que de verdad importan y desde luego en el deporte... La clave es poner intensidad.

Esa actitud es algo que Fernando y yo compartimos.

Los dos somos muy conscientes de la importancia que tienen el deporte y una alimentación sana en nuestras vidas y en nuestra actitud ante lo que nos va saliendo al paso. Sabemos hasta qué punto esta forma de vida nos ha marcado y nos ha ayudado a alcanzar nuestras metas. Y pensamos que merece la pena compartirlo.

Así fue como nació la idea de llevar esta realidad a un libro muy práctico, directo, que no se ande con rodeos y que te explique con la mayor claridad posible qué diablos pasa dentro de tu cuerpo para que hagas régimen y tres horas de ejercicio diarias y todo siga igual. Si quieres cambiar eso, aquí vas a descubrir cómo, y verás que el cambio es más grande de lo que esperabas: un cambio de mentalidad que llenará muchas facetas de tu vida. Como llena la mía, la de Fernando y la de tanta gente. Ese es el objetivo.

¿Se puede conseguir? Sí. Desde luego que sí.

Se consigue con intensidad, esfuerzo y el plan adecuado.

A la mayor parte de las personas que quieren ponerse en forma no les queda otra que buscar entre pilas de información contradictoria y, al final, organizar su propio programa de entrenamiento, mezclando lo que les ha dicho un amigo con lo que han oído en televisión o algún consejo tomado de revistas de *fitness*, y muchas veces ni con esas consiguen resultados. Aunque se tenga mucha voluntad, disciplina y motivación, no es posible alcanzar la meta deseada si la información no es correcta. Esto es lo que nos ha movido a Fernando y a mí a unirnos para escribir INTENSIDAD MAX, porque ponerse en forma cuesta y es difícil, pero es posible.

A lo largo de las páginas que siguen vamos a conseguir que alcances tus metas. La tarea de Fernando es poner a trabajar para ti toda su experiencia como entrenador personal, la misma que lleva años poniendo en práctica con tantas personas, así que será él quien vaya dando las claves adecuadas. La mía es contarte los trucos que he incorporado en mi día a día: muchos son pensamientos motivadores o rutinas de trabajo que espero que te sirvan de ayuda. Y la tuya es aceptar el reto, ponerte manos a la obra y sumar tu energía a la nuestra.

Durante un plazo de 90 días, te vamos a decir exactamente qué ejercicios tienes que hacer y qué tipo de alimentos tienes que comer, no solo para transformar tu cuerpo, sino para que vuelvas a encontrar algunas de esas emociones que hacen que la vida merezca ser vivida.

«Vuelve a encontrar algunas de esas emociones que hacen que tu vida sea cada vez mejor».

PUNTOS CLAVE

- INTENSIDAD MAX es un desafío frente a ti misma con el que obtienes resultados.
- Ponerse en forma requiere esfuerzo, y todo lo que merece la pena en la vida requiere esfuerzo. Es difícil... ¡pero posible!
- A veces, para tener lo que quieres primero has de hacer lo que no quieres: tienes que estar dispuesta a pagar el precio para poder disfrutar de la recompensa.
- Eres capaz de hacer mucho más de lo que crees. ¡No te des por vencida! ¡No te rindas! ¡Puedes!
- INTENSIDAD MAX es una actitud, un estilo de vida, una manera de pensar, actuar, vivir...
- El objetivo de INTENSIDAD MAX: mejorar tu calidad de vida a través del ejercicio y de la alimentación. Hay una conexión directa entre lo físico y lo emocional: si te sientes bien con tu cuerpo, te sientes bien emocionalmente.
- Trabajar con intensidad se tiene que convertir en un hábito: es una cuestión de calidad no de cantidad.

INTENSIDAD
INTENSIDAD

INTENSIDAD

Y empieza a medir tu progreso contestando a estas preguntas:

- ¿Tengo más resistencia hoy que ayer?
- ¿Puedo levantar más peso que antes?
- ¿Puedo correr 5 minutos más?

¡Tira la báscula por la ventana! No midas tu cuerpo por lo que pesa, sino por:

- Su funcionamiento
- Su capacidad aeróbica
- Su fuerza

01

AFRONTA EL DESAFÍO

FORTALECE TU MENTE

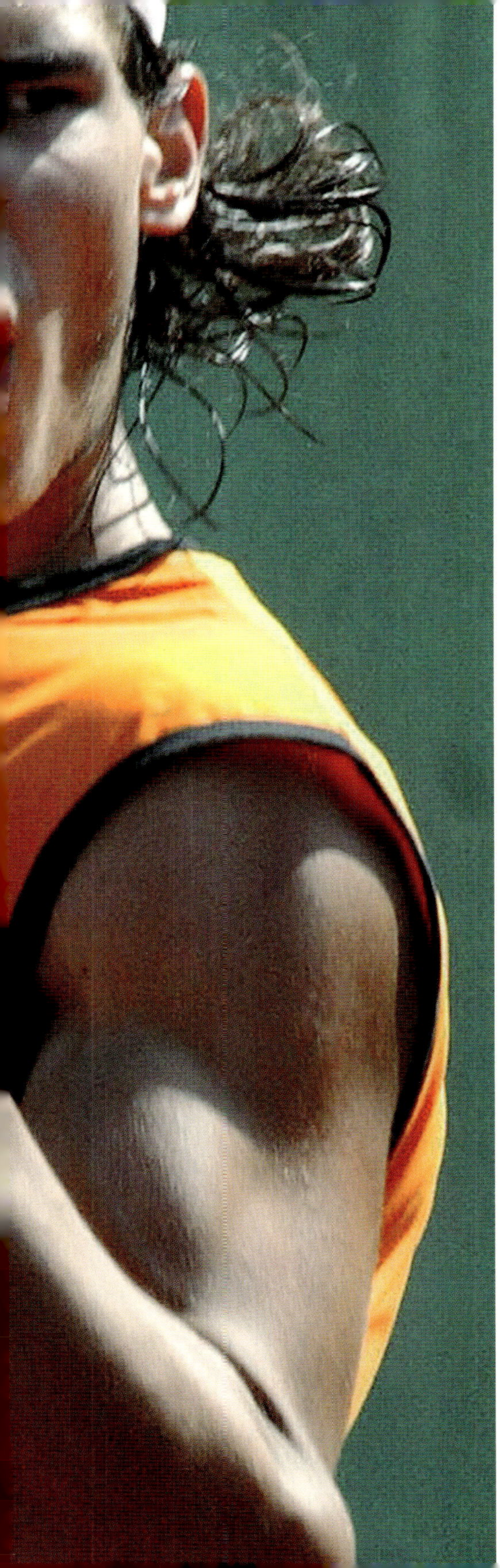

«EL TENIS NO SON SOLO GOLPES»

(Declaraciones extraidas de un artículo de *La Voz de Galicia*, 26 de enero de 2012)

El español Rafael Nadal destacó que en su victoria ante el suizo Roger Federer su tenis se impuso por cuestiones que van más allá de lo técnico. «El tenis no solo son golpes, hay algunas otras cosas que entran en juego», dijo el número dos del mundo tras derrotar a Federer y avanzar a la final del Abierto de Australia. Nadal profundizó en el tema asegurando que, más allá de derechas, reveses y saques, la intensidad es un concepto clave en el tenis, y que en ese aspecto tiene ventaja sobre Federer. «La intensidad de partido, la intensidad mental, que es más o menos lo mismo, y probablemente la intensidad de piernas, que va todo muy junto».

«Con su estilo de juego —añadió siempre refiriéndose a Federer— ves el tenis de otra manera. A su forma de entender el tenis le ha ido mejor, a día de hoy, que a mi forma». El español destacó que, golpe por golpe, el juego de Federer es superior al suyo, y que por eso suple esa desventaja con más intensidad de juego.

«En general estoy feliz con lo que hice, jugué un buen partido con algunos errores», analizó Nadal antes de dejar una afirmación contundente: «Esta es una de las victorias que quedará en mi mente para siempre».

1

¿QUÉ QUIERE DECIR «INTENSIDAD MAX»?

INTENSIDAD MAX

INTENSIDAD

Energía o fuerza con la que se manifiesta un fenómeno o se realiza una acción

INTENSIFICACIÓN

Aumento de la intensidad

La intensidad es el factor clave a la hora de efectuar un cambio, tanto en tu aspecto físico como en tu vida personal.

Si quieres un cambio, deséalo, búscalo, súdalo con intensidad.

Puedes apuntarte al gimnasio, comprarte zapatillas nuevas, modelitos, accesorios, lo que sea. Puedes saber qué ejercicios tienes que hacer, entrenar cinco días a la semana y aun así no alcanzar el resultado deseado.

«¿Cómo es posible que mi cuerpo no cambie después de todo lo que hago?».

La respuesta es muy sencilla: te falta intensidad.

Cuando hacemos ejercicio a intensidades a las que nuestro cuerpo no está acostumbrado, le estamos mandando un mensaje muy claro:

cambia, mejora, hazte más fuerte.

Si le exigimos más, dará más. Si le exigimos menos, dará menos.

Esa falta de costumbre deja a tu cuerpo en estado de *shock*: las constantes vitales se disparan, el corazón bombea mucho más rápido enviando oxígeno a los músculos para generar energía, los músculos sufren microrroturas al intentar ajustarse a la carga... En ese momento de estrés, el cuerpo piensa: «Vamos a repararnos, vamos a fortalecernos para que la próxima vez que lo haga estemos preparados», y es entonces cuando empieza la rehabilitación metabólica o reparación de tu cuerpo.

Voluntad, constancia e intensidad son las claves fundamentales en la carrera hacia tu mejor yo.

Es un trabajo duro y por eso el primer esfuerzo es mental: fortalecer la mente para que le siga el cuerpo. Nuestra mente y nuestra voluntad suben el listón, y para tirar de nuestra voluntad, incluso en sus momentos más bajos, necesitamos la motivación adecuada.

2 ¿POR QUÉ ACEPTAR UN DESAFÍO DE 90 DÍAS?

¿Qué es desafío? Un desafío es una invitación a la lucha. Según la Real Academia, desafiar es:

1. *tr*. Retar, provocar a singular combate, batalla o pelea.
2. *tr*. Contender, competir con alguien en cosas que requieren fuerza, agilidad o destreza.
3. *tr*. Enfrentarse a las dificultades con decisión.

Compites contra ti misma y debes enfrentarte a las dificultades con decisión. Pero la meta lo vale. Cuando aceptas un desafío es porque hay algo importante en juego, una meta lo suficientemente valiosa como para que eches el resto y te convenzas de que va a merecer la pena el esfuerzo. Que va a merecer mucho la pena. Y por eso te hará falta mucha intensidad.

¿Te has planteado qué está en juego ahora mismo? ¿Tienes clara tu meta? No te estamos desafiando solo a entrar en unos vaqueros que ahora mismo no te sirven. El desafío es más profundo. Básicamente podemos fijarlo en estos cuatro puntos.

INTENSIDAD MAX

ES UN DESAFÍO…

… A QUE ALCES LOS BRAZOS EN ALTO

INTENSIDAD MAX
es un desafío a que después de 90 días puedas también tener la sensación del ganador, la sensación de quien cruza la meta con los brazos en alto.

No solo en deporte, sino en cualquier ámbito de la vida. ¿Qué es lo que nos hace sentir más orgullosos? Precisamente eso que era difícil y aun así conseguimos con nuestro propio esfuerzo.

Para disfrutar de verdad, para que te cambie de verdad por dentro, tienes que sudarlo.

Ya sea en el deporte o fuera de él, si ha sido uno de los mejores momentos de tu vida es precisamente porque llegar hasta él ha resultado difícil. Ha sido uno de los mejores momentos de tu vida porque has vencido un desafío muy exigente, uno que te ha llevado al límite. Esa sensación sí que es intensa y merece la pena vivirla.

¿Y tú? ¿Cuánto hace que no vibras de emoción?

Pregúntate cuáles han sido esos momentos en tu vida en los que te has sentido más satisfecha y realizada. ¿Ha sido después de lograr algo difícil y por lo que habías tenido que esforzarte al máximo, o tras obtener algo fácilmente, sin esforzarte demasiado? ¿Cuándo fue la última vez que te sentiste realmente orgullosa de algo que habías conseguido con tu propio esfuerzo, llevándote al límite, subiendo tu listón más allá de lo que lo creías posible?

¿Recuerdas cómo te sentiste? ¿Deseas sentirlo de nuevo?

Siempre me emociono cuando veo en un periódico o en televisión la imagen de un atleta con los brazos en alto nada más cruzar la meta, por todo lo que hay detrás de ese gesto espontáneo. Ese gesto tan auténtico refleja el trabajo, el esfuerzo y los deseos de muchos años. Un instante en el que sientes de verdad que lo que has trabajado para llegar hasta donde estás ha valido la pena. Una sensación de satisfacción absoluta, de orgullo... Y eso pasa en todos los campos.

El éxito no es algo que llegue de golpe: en todo hay metas intermedias, lo mismo en la vida que en el deporte. En mi caso, por ejemplo, si recuerdo con tanta ilusión aquella primera vez que me vi en una pantalla de cine es porque a la vez recuerdo cuánto esfuerzo me supuso conseguirlo. La sensación de haber alcanzado una meta no la tenía solo por la película o por la relación con los compañeros o porque de pronto aparecía en una reseña de prensa, sino sobre todo porque miraba hacia atrás y veía que todo ese esfuerzo había valido la pena.

Sin los sacrificios que hicieron falta, las horas de *castings*, las puertas cerradas, el esfuerzo y la necesidad de sobreponerse a las malas noticias... Sin todo eso, lograrlo no habría sido tan gratificante. El éxito fácil no te hace levantar los brazos. Esa energía que sientes cuando alcanzas una meta es la que luego te impulsa hacia la siguiente, porque con cada tramo que avanzas tu cabeza y tu cuerpo tienen más fuerza.

Pasa igual con el ejercicio físico o con tu propio cuerpo y cómo lo tratas. Lo más importante es en lo que te conviertes cuando consigues algo difícil.

... A QUE SEAS MÁS FELIZ

«Solo hay felicidad donde hay virtud y esfuerzo serio».

Aristóteles

«Si encuentras a una persona feliz, encontrarás un proyecto».

Sonja Lyubomirsky

Por muy diferentes que seamos hay algo que todos tenemos en común: queremos ser felices. ¿Y qué hace felices a las personas? ¿Qué dicen los expertos de este tema?

¿Por qué INTENSIDAD MAX puede hacerte más feliz?

El psicólogo Mihály Csíkszentmihályi dedicó veinte años a entrevistar a gente de todo tipo y edad y, en su libro *Fluir (flow): una psicología de la felicidad*, llegó a la siguiente conclusión. Decía que, al contrario de lo que solemos pensar, los mejores momentos de nuestra vida no son momentos pasivos o relajados...

Los mejores momentos suelen suceder cuando el cuerpo o la mente de una persona han llegado hasta su límite en un esfuerzo voluntario para conseguir algo difícil y que valiera la pena.

En otras palabras, cuando te has superado a ti misma.

Qué duda cabe que acabar el desafío de 90 días que te proponemos es un esfuerzo que vale la pena.

Sentirte bien, estar sana, tener un cuerpo que te responda
es un esfuerzo que vale la pena.

Responsabilizarte de tu salud
es un esfuerzo que vale la pena.

Desarrollar tu potencial físico, sacar a la atleta que hay en ti
es un esfuerzo que vale la pena.

Hace muchos años, cuando mi madre me llamaba a Estados Unidos y me preguntaba qué hacía, yo le contaba que estaba estudiando, o que me había enamorado, o que me estaba involucrando en un nuevo proyecto, y antes de colgar ella siempre me decía: «Todo eso está muy bien, pero ¿estás contenta, eres feliz?». Como si lo importante no fuese tanto lo que estaba haciendo, sino que me sirviera o no para acercarme a la felicidad. En parte, esa felicidad también me la da el deporte.

Una de las muchas ventajas del ejercicio físico consiste en que es una fuente de energía positiva. No se trata solo de hacer deporte para ponerse en forma. En mi caso es buscar la energía que luego me da fuerzas para el resto, para animarme en los momentos bajos. Haces ejercicio físico para tener buen aspecto, sentirte sana, pero también para cargar las pilas y sentirte mejor por dentro. Por eso cuando paso un tiempo sin hacer deporte lo que me hace arrancar de nuevo, aunque cueste un poco, no es solo la obligación de mantenerme en forma por mi profesión, sino sobre todo que echo de menos esa sensación al final de un entrenamiento intenso, toda esa fuente de autoconfianza y energía positiva.

Hablamos de transformar nuestro cuerpo y nuestra mente, de subir el listón y propiciar un cambio del que nos sintamos orgullosos en todos los sentidos.

Por nuestra experiencia personal, tanto Elsa como yo sabemos que cuando aceptas un desafío te esfuerzas y das todo por alcanzar el objetivo, y cuando lo superas puedes saborear la recompensa de todos tus esfuerzos.

Al superar este desafío que vale la pena serás más feliz porque te habrás superado. Entonces, ¿puede el ejercicio físico hacer feliz en sí mismo?

Seguro que ya has oído hablar del ejercicio físico como generador de endorfinas, que son esas «drogas naturales» que potencian la sensación de placer y minimizan la de dolor. Por eso las pistas de pádel o las clases de *spinning* tienen tanto de lugar de deporte como de hospital o consulta del psiquiatra. Es el oasis de muchos de nuestros días, cuando jugamos, cuando nos dedicamos a nosotros y nos sentimos niños, cuando recuperamos la inocencia y nos lanzamos al aquí y ahora.

Si el ejercicio se pudiera prescribir en forma de píldora, sería el antidepresivo más recetado del mundo. Estrés, ansiedad, insomnio, preocupaciones, miedos... Durante ese rato en el que le pides intensidad a tu cuerpo no hay cabida para nada de eso. El ejercicio físico tiene el gran poder de transformar y mejorar tu estado de ánimo, una estrategia fundamental para añadir vida, optimismo y felicidad a tus años.

... A QUE SALGAS DE TU ZONA DE COMODIDAD

La vida empieza al final de tu zona de confort.

Hazte estas preguntas: ¿existes o vives?, ¿disfrutas la vida o vas tirando?, ¿estás atrapada en la rutina?

¿Eres o no eres la dueña de tu propia vida?

Y si no lo eres, ¿qué vas a hacer para recuperar las riendas?

La «zona de confort» o «zona de comodidad» es ese espacio no solo físico sino también psicológico en el que nos sentimos más seguros. Donde tenemos bien definido nuestro nivel de exigencia, donde solo hacemos lo que ya controlamos y estamos cómodos; aunque sea «infelizmente cómodos».

En algunas personas esa zona será mayor que en otras, y habrá quien se sienta más y quien se sienta menos encerrado, pero tanto unos como otros viven presos de sus comodidades. Prefieren renunciar a una felicidad mayor y a cambio quedarse con la tranquilidad de no afrontar retos nuevos. «Más vale malo conocido que bueno por conocer». Con INTENSIDAD MAX, aceptar el desafío es dar el primer paso hacia fuera.

Este punto es uno de los que más me unieron a Elsa desde el principio. Los dos sabemos que quien no arriesga no gana. Eso lo tenemos en común.

Todo cambia cuando coges las riendas de tu vida. Cuando sales de tu zona de seguridad y no te rindes aunque no vaya todo bien a la primera. Y cambia porque eso te da muchísima confianza. Se convierte en un trampolín impresionante para tus siguientes retos. Somos quienes somos porque nos arriesgamos.

Cada vez que decidimos optar por un «sí» ante un reto nos va resultando más fácil atrevernos con otros nuevos. Cada vez que lo intentamos y lo logramos sube nuestra autoestima porque nos demostramos a nosotros mismos que somos capaces de luchar por lo que de verdad queremos.

Esto, tan aplicable a todas las facetas de nuestras vidas, también lo es al *fitness*.

ESTÁS EN LA ZONA DE COMODIDAD DEL *FITNESS*:

- Si no sudas la camiseta todos los días.
- Si entrenas pero sigues con el mismo cuerpo que hace un año.
- Si cada día es más fácil tu rutina y no la modificas para retarte.
- Si llevas 6 meses levantando las mismas pesas de 1 kilo.
- Si no te sientes más fuerte, más ágil que al principio.
- Si estás más gorda que hace 5 años.

Si aceptas el reto, el desafío es que salgas de tu zona de confort, de lo fácil, de lo seguro, de lo de siempre. La mediocridad es el único pecado. No hay emoción alguna si ya sabes el resultado del partido. Si no avanzas ya estás retrocediendo porque en la vida y en el *fitness* es imposible quedarse quieto.

«Vivir no significa sentirse seguro. Si sabes qué es lo próximo que te va a pasar, el cómo y el porqué, has empezado a morir un poco».

Osho

Hemos desarrollado este programa con la intención de que llegues a vivir más satisfecha, de que te sientas más alegre y al timón de tu vida, y para ello tienes que estar dispuesta a salir de tu zona de confort.

Mientras que para los conformistas la incertidumbre es una pesadilla, para los soñadores es el comienzo de una fantástica aventura.

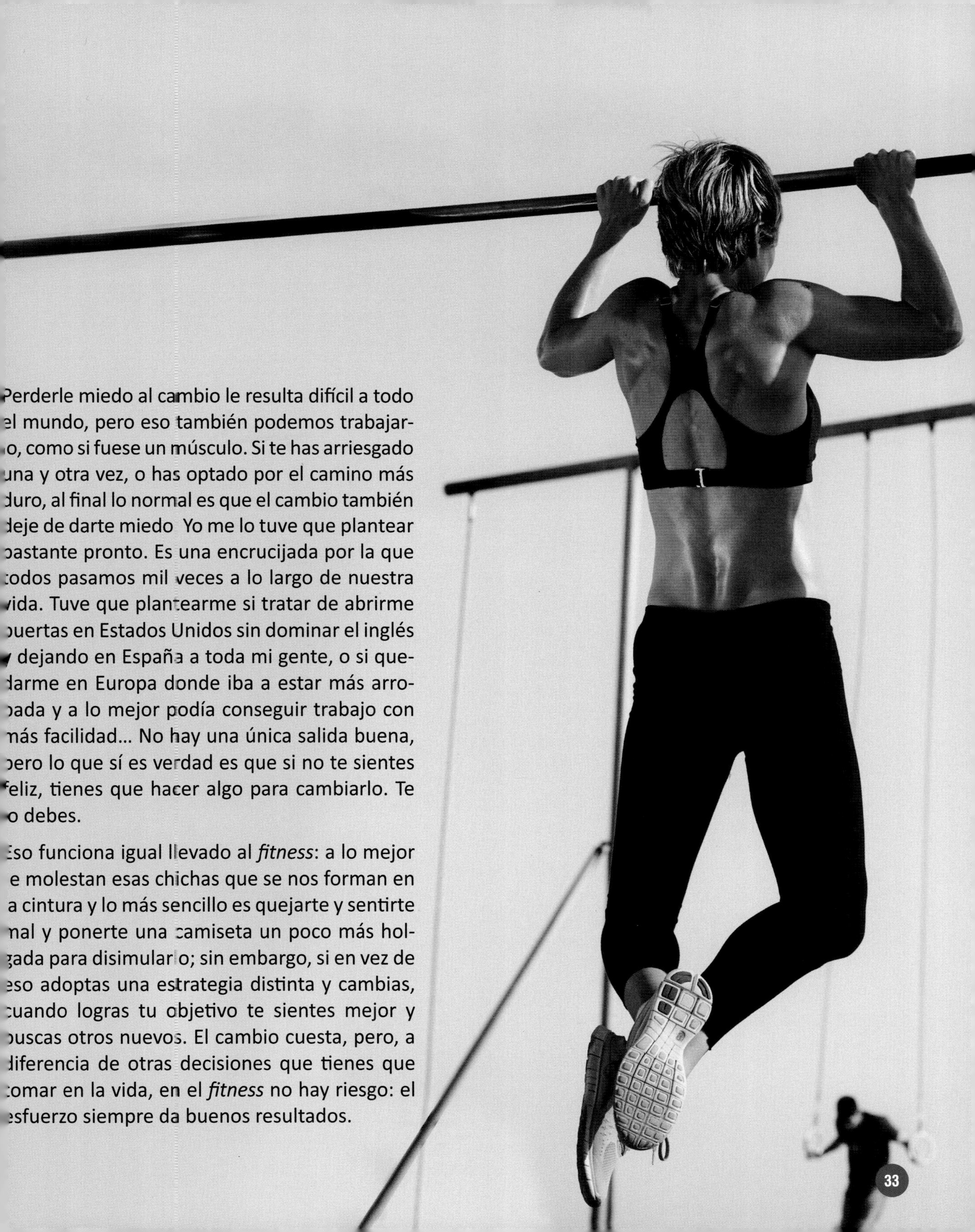

Perderle miedo al cambio le resulta difícil a todo el mundo, pero eso también podemos trabajarlo, como si fuese un músculo. Si te has arriesgado una y otra vez, o has optado por el camino más duro, al final lo normal es que el cambio también deje de darte miedo Yo me lo tuve que plantear bastante pronto. Es una encrucijada por la que todos pasamos mil veces a lo largo de nuestra vida. Tuve que plantearme si tratar de abrirme puertas en Estados Unidos sin dominar el inglés y dejando en España a toda mi gente, o si quedarme en Europa donde iba a estar más arropada y a lo mejor podía conseguir trabajo con más facilidad... No hay una única salida buena, pero lo que sí es verdad es que si no te sientes feliz, tienes que hacer algo para cambiarlo. Te lo debes.

Eso funciona igual llevado al *fitness*: a lo mejor te molestan esas chichas que se nos forman en la cintura y lo más sencillo es quejarte y sentirte mal y ponerte una camiseta un poco más holgada para disimularlo; sin embargo, si en vez de eso adoptas una estrategia distinta y cambias, cuando logras tu objetivo te sientes mejor y buscas otros nuevos. El cambio cuesta, pero, a diferencia de otras decisiones que tienes que tomar en la vida, en el *fitness* no hay riesgo: el esfuerzo siempre da buenos resultados.

... A QUE ADOPTES HÁBITOS Y ESTRATEGIAS GANADORAS

«El colmo de la locura es pretender obtener resultados distintos haciendo siempre lo mismo».

Albert Einstein

Si aceptas el desafío vas a tener que cambiar de estrategias y adoptar nuevos hábitos y rutinas porque una cosa es evidente: si estás deprimida, cansada, infeliz, gorda..., es que lo que haces ahora no funciona y vas a tener que hacer las cosas de forma diferente.

¿Por qué? Porque si sigues pensando lo mismo de siempre, hablando de lo mismo de siempre, con el ritmo de siempre y la alimentación de siempre, al cabo del día vas a obtener lo de siempre, es decir, más de lo mismo. Serás una versión duplicada de lo que ya eres, solo que con más kilos, más achaques según tengas más años a la espalda.

Si quieres nuevos resultados, necesitas introducir cambios en las rutinas.

Eso no es tan fácil: te va a costar, y no porque seas más débil que nadie, sino porque en realidad el cambio es difícil. Como antes, preferimos lo malo conocido que lo bueno por conocer.

1. Necesitas un plan para alcanzar la excelencia.
2. Necesitas desarrollar una serie de rutinas que apoyen eso en lo que te quieres convertir.
3. Con INTENSIDAD MAX vas a tener paso a paso todo lo que deberás hacer diariamente para que en 90 días puedas alzar los brazos en alto.

Cambiar de rutinas, adoptar estrategias ganadoras.

¿Por qué crees que la gente que se apunta a una clínica de adelgazamiento tiene éxito? Porque las decisiones las toman otros: durante una semana te dicen a qué hora te tienes que levantar o hacer ejercicio, lo que tienes que comer. Mientras permaneces allí estás sujeto a su disciplina y horario, y claro que mejoras: la mayoría sale de allí con menos peso porque se ha sometido a una disciplina.

Es el mismo principio que el de los estudiantes ante los exámenes finales o unas oposiciones: se encierran y funciona. O los boxeadores antes de una gran pelea, cuando se van a la sierra y se aíslan del mundo, de las tentaciones y de todas las distracciones.

Para cruzar la meta de INTENSIDAD MAX como ganador vas a tener que hacer lo mismo, vas a tener que imponerte una disciplina. Tus hábitos tienen que ser tan buenos que cuando tengas un mal día, tu mal día sea un día bueno.

INTENSIDAD MAX

3

FORTALECE TU MENTE

«El hombre bien preparado para la lucha ya ha conseguido medio triunfo».

Miguel de Cervantes

Cinco pasos hacia el éxito antes de afrontar el desafío

ENCUENTRA TUS RITUALES

El ser humano es un animal de costumbres. Todos tenemos nuestros rituales: leer el periódico mientras desayunamos, usar siempre el mismo color de bolígrafo para trabajar, anudar una zapatilla antes que la otra, un vaso de leche caliente antes de ir a la cama... ¿Por qué ocurre esto? Consciente o inconscientemente repetimos patrones de comportamiento que a ojos de otros podrían parecer aleatorios, pero que a nosotros nos dan cierta seguridad. Y esta pauta podemos llevarla al *fitness*.

Volviendo al tenis, seguro que has visto a Rafa Nadal en todos sus partidos: fuera del punto en juego se salta las líneas, coloca las botellas de cierta manera, cuando llega su turno de saque se coloca el pantalón, bota la bola un número concreto de veces... Estos hábitos o rituales tienen un único sentido: concentrarse en el partido y ganar. Son rituales que para otros pueden resultar insustanciales, pero a él lo sitúan en estado de alerta y concentración, y todo desaparece salvo el foco de concentración y un único objetivo: ganar el partido jugando al más alto nivel.

¿Qué tipo de rituales tienes tú?
¿Tus rituales te acercan a tus objetivos?

¿Qué rituales tienes que incorporar a tu vida para acabar el desafío de 90 días?

Piensa cuáles son tus objetivos específicos y cuáles son los rituales que tienes que practicar constante e intensamente para alcanzarlos. Tómatelo como una cita cada día, una reunión diaria. Búscate una hora y cúmplela, acostumbra a tu cuerpo.

Esta forma de pensar te ayudará en otros aspectos de tu día a día. Créeme, funciona, te lo decimos por experiencia.

Las rutinas funcionan porque te ayudan a centrarte, a esquematizar tu día. No siempre es fácil seguirlas, pero te ayudarán si las adaptas a tu día a día. Por ejemplo:

- El descanso es fundamental: trata de dormir cada noche 7 u 8 horas.
- Madruga: levántate pronto, los éxitos no llegan a las 12 de la mañana.
- Visualiza objetivos: antes de levantarte visualiza tu día y pregúntate qué tienes que hacer hoy para que esta noche puedas irte a la cama satisfecha.
- Toma un desayuno nutritivo.
- Lee algo positivo cada día: estudia, aprende y piensa en positivo.
- Comprométete con tu plan de alimentación y ejercicio...
- Y cuando hablamos de rutina no hablamos de aburrimiento, sino de definición de objetivos y compromiso. Es disfrutar el entrenamiento, meterle mucha intensidad; y durante ese rato que desaparezca el resto.

Este es un trabajo que yo hago de vez en cuando: coge un papel y un bolígrafo y tómate el tiempo que necesites para pensar en tus objetivos. Escríbelos tan detallados como puedas. Piénsalo. ¿Qué quieres conseguir?, ¿qué significa para ti «estar en forma» o «encontrarte a gusto con tu cuerpo»? Luego, con tanta objetividad como seas capaz, plantéate qué rituales, qué hábitos de comportamiento sacan lo mejor de ti. Qué actitudes te potencian, te llevan al más alto nivel. Y después, desde el mismo instante en que las tengas definidas, hazte el firme propósito de, durante un plazo de 90 días, exprimir cada una de ellas.

A mí lo que me funciona es marcarme metas pequeñas, específicas, porque las metas enormes pueden hacernos perder la perspectiva y son más difíciles de alcanzar. Si queremos subir una escalera muy alta tenemos que ponernos una primera meta que sea llegar al primer tramo, luego vendrá el segundo, y así, poco a poco, llegamos arriba del todo. Como dicen los deportistas profesionales: para ganar una competición hay que ir pensando partido a partido. Para mí, por ejemplo, algunas de las metas parciales eran trabajar bien los abdominales o los glúteos y tonificar los brazos, que es algo a lo que yo siempre he dado mucha importancia. Son metas en las que puedes centrarte, que puedes enfocar una a una, en vez de pensar «quiero ponerme en forma» o «tener un buen tipo». Sí, pero ¿eso qué significa? Al final no trabajas solo músculos específicos —no puedes trabajar abdominales o glúteos sin trabajar otros músculos—, pero a mí al menos siempre me ha resultado más sencillo, más manejable, ir objetivo a objetivo, porque luego ese objetivo llama al siguiente. En mi caso, en el deporte, ir cumpliendo esas pequeñas metas es lo que hace que siga adelante o que me sienta más orgullosa de mí misma.

ANTICIPA LAS ZANCADILLAS

Lo más probable es que ya hayas hecho ejercicio antes, que te convencieras de que esa vez era la buena, de que te ibas a poner en forma... y al final poco a poco fueses dejando de hacerlo. Empezamos con ganas, positivos, todo nos parece bien, pero ¿qué pasa a las tres o cuatro semanas? Cuando acaba la novedad, y según pasan los días sin resultados inmediatos, muchos buscan mil excusas para dejar de ir al gimnasio o hacer deporte.

En los gimnasios, una amplísima mayoría abandona antes de superar los tres meses desde la fecha de la primera matrícula. ¿Casualidad? No, mala planificación. Sin embargo, de cada diez que arrancan uno llegará a la meta, a su objetivo, con los brazos en alto. El desafío es que esa una seas tú. Con eso basta.

Póntelo fácil, échate a ti misma una mano. Pónselo fácil a tu yo del futuro, a ese que dentro de una semana o un mes va a decirte que hasta aquí hemos llegado.

Piénsalo bien. ¿Qué es lo que ha arruinado tus intentos de ponerte en forma las veces anteriores? ¿Qué es lo que ha impedido subir el listón en otras ocasiones?

Como preparador, me he encontrado ya con unos cuantos obstáculos. Estos son algunos de los más frecuentes.

1

La falta de tiempo: «Pero con el lío que tengo... ¿de dónde saco un rato?».

Esta es una de esas excusas que nos sacamos de la manga para no hacer las cosas que nos cuestan, aunque sepamos que a la larga nos van a hacer felices. Algunos hábitos en la vida son tan importantes para nuestro bienestar que deberían ser sagrados.

La semana tiene 168 horas: INTENSIDAD MAX te pide que inviertas 6 de ellas para que te transformes físicamente, una inversión pequeña teniendo en cuenta todos los beneficios que vas a obtener a cambio. Así que, cuando tengas un día malo y te dé por pensar que «no tienes tiempo», te va a tocar tirar de argumentos. Porque ¿cómo que no tienes tiempo?

¿No tienes tiempo para ser más feliz?

¿No tienes tiempo para alcanzar tu potencial?

¿No tienes tiempo para sentir esas sensaciones que hacen que la vida merezca ser vivida?

¿No tienes tiempo para ayudarte a sentirte mejor contigo misma?

2

Los regateos con nosotros mismos: «Hoy no hago deporte y a cambio mañana...».

¿Cómo regateas contigo misma? ¿Dónde es más fácil engañarte? ¿Cuándo tienes la guardia más baja? Piénsalo, conoce tus puntos débiles y lograrás ser más fuerte.

A lo mejor suena el despertador y piensas: «Hoy no hago deporte por la mañana y a cambio corro un poco esta tarde al salir del trabajo», y luego te pasa lo de: «Y ahora, con el lío que tengo, ¿de dónde saco tiempo para correr?». O a lo mejor regateas en pleno ejercicio: «Hoy hago solo un circuito y a cambio mañana...».

Recuerda que el enemigo no está fuera de ti, el enemigo está dentro: es la pereza, la falta de voluntad, los pensamientos negativos, la falta de actitud... Cuanto mejor conozcas tu talón de Aquiles más fácil te va a resultar esquivarlo.

Como primer escudo: sigue la planificación que tomaste en frío o justo después del entrenamiento, porque esa es la buena, y «no dejes para mañana lo que puedas hacer hoy». Cíñete al plan. No aceptes que tu yo antiguo, ese que está tan cómodo y feliz en su zona de confort, te proponga cambios sobre la marcha. Ahora mandas tú.

3

Las comparaciones: «Por mucho que entrene no voy a conseguir estar como...».

Nunca vas a estar más feliz que cuando te venzas a ti misma. No puedes compararte con otra persona de tu gimnasio o con alguien que sale en la tele o en las revistas. Ni siquiera con esa que fuiste un día y que ya no eres. «Es que esa chica viene menos y está adelgazando más rápido», o: «Es que yo antes en cuanto hacía ejercicio recuperaba mi peso ideal enseguida».

Eso que hacías con veinte años te va a costar más a los cuarenta si desde entonces hasta ahora has llevado una vida sedentaria, ¿qué esperabas? Por eso tienes que centrarte en quién eres ahora y en quién quieres llegar a ser en el futuro. El pasado arrastra. Las comparaciones con nuestro yo de antes o con gente de nuestro entorno solo nos lastran. Si compararte con un tercero te motiva y sirve para espolearte porque lo tienes como ejemplo, entonces adelante. Pero si solo sirve para desmotivarte, entonces no es una ayuda sino una zancadilla, y debes anticiparla para esquivarla a tiempo.

4

Las zancadillas emocionales: «He tenido un día horrible, hoy no me apetece hacer nada».

Precisamente cuando peor estamos es cuando más tira de nosotros nuestra zona de confort. A lo mejor los días en los que tienes que estar más atenta para seguir el programa son esos días en los que has tenido una discusión con alguien, o te ha salido mal algún proyecto, o te sientes triste por algo. Momentos en los que estás con la guardia baja y lo que te pide el cuerpo es volver a las rutinas de tu yo antiguo. Ahí tienes que tirar de disciplina.

Lo esencial, lo que tienes que pensar, es que precisamente el deporte te va a ayudar a salir de ese pequeño bache: trabajar la autodisciplina incrementa la confianza en uno mismo, y si a eso le sumas las endorfinas naturales que genera el ejercicio físico y tiras un poco de razón, con el tiempo buscarás una sesión doble de deporte justo en esos días peores.

Haz una lista con las excusas que puedes poner para no hacer ejercicio: vas a encontrar cientos, pero igual que las escribes, siendo objetiva, seguro que puedes discutirlas todas. Ahora escribe otra columna con los beneficios. A mí es un ejercicio que me impresiona, y me ayuda a racionalizar la situación cuando me cuesta moverme, porque sobre el papel es indiscutible.

Viajo mucho a lo largo de todo el año y en más de una ocasión, de quererlo, habría tenido buenas excusas para dejar el deporte a un lado: «Es que tengo rodaje de noche esta semana y con el cambio de horario...». «Es que el *jet lag*...». «Es que en este hotel...». No hace mucho, en una promoción, pasé tres noches en un hotel que no tenía gimnasio. Me había llevado ropa de deporte y las zapatillas de correr, pero salir a hacer *footing* por la ciudad no era buena opción. Hay muchas formas de trabajar músculo sin gimnasio, solo con una silla en tu cuarto (flexiones, abdominales, muchos ejercicios de brazo, pierna y glúteos que verás luego), pero esos días me dediqué a hacer series en las escaleras interiores del hotel, arriba y abajo los diez pisos, y acabé como si hubiese ido al gimnasio. Si quieres hacer ejercicio —al menos un rato—, estés donde estés encuentras el modo.

Aun así, sabiendo que esta zancadilla te saldrá al paso antes o después, anticípate con estrategias puramente organizativas. Por ejemplo, te costará mucho menos hacer ejercicio si tienes el material en casa o si vas a un gimnasio de tu calle o que cae cerca de tu trabajo, que si tienes que pasar una hora en coche entre la ida y la vuelta. Por muy buenas instalaciones que tenga no es buena idea.

La fuerza de voluntad hay que tratarla como a un músculo más: a base de trabajarlo, va ganando potencia. Yo eso también lo he notado en el ejercicio; para mí, es otro de los beneficios: todo va unido.

Si estás corriendo en la cinta (a mí es lo que menos me gusta), tienes programados 20 minutos y de pronto notas que tu cabeza empieza a tirar de ti y a pedirte una tregua, puedes hacer dos cosas. O darle lo que quiere —«Bueno, tampoco pasa nada si hago 15, ¿no? 15 minutos de cinta está bien, es bastante...»— o volverle la espalda. Lo pri-

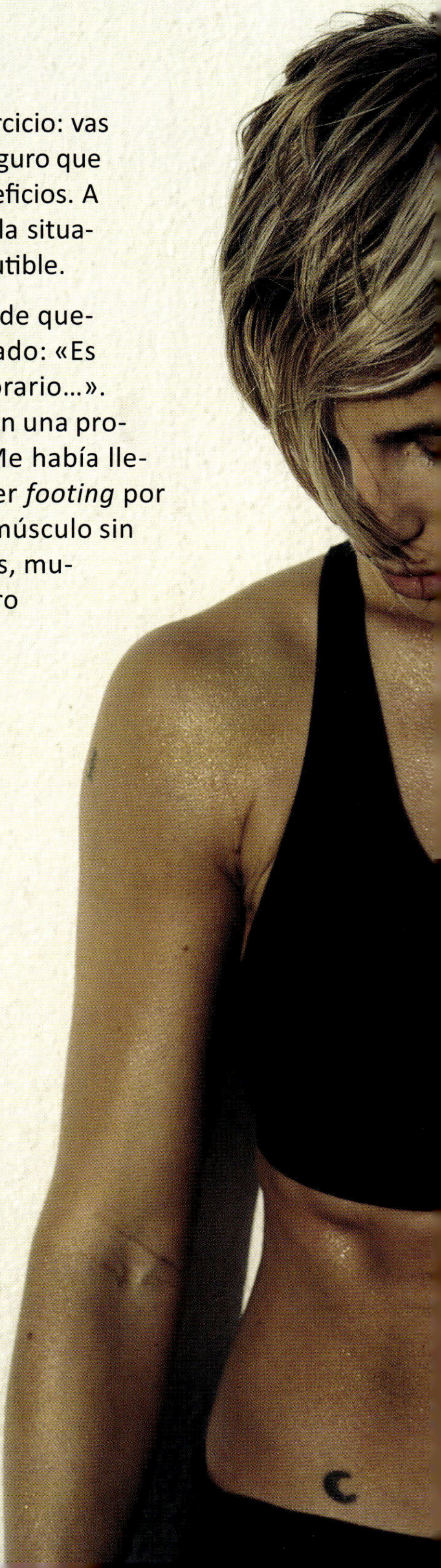

mero es una forma de autoengaño y cuando te engañas a ti misma, al final no te sientes bien. Así que cuando me pasa a mí y me doy cuenta, lo que hago es subir otros 5 minutos y esos días en vez de 20 termino haciendo 25 o 30 y me siento mejor que nunca, precisamente porque ha costado. La sensación entre aceptar y hacer 15 o seguir y hacer los 25 es muy diferente, porque si terminamos exigiéndonos menos del mínimo, ¿adónde nos lleva eso? Esa sensación de éxito personal es lo que a mí me engancha.

Además, piensa que esos días de bajón en los que no apetece hacer ejercicio son precisamente los días en los que más tenemos que ganar. Son una ocasión estupenda para pensar «yo soy más fuerte que esto, yo mando», para avanzar y para sentirnos orgullosas si la superamos. Y además la siguiente vez nos costará un poquito menos.

Recuerdo que cuando era una adolescente me fijaba a veces en algunas deportistas de élite, y quería tener los brazos de algunas de las atletas, o las piernas de otras... Me desmoralizaba bastante porque tenía claro que nunca iba a ser capaz de llegar a esos niveles, salvo que me dedicara profesionalmente al deporte. No podía compararme con ellas. No es bueno. Luego, con los años y también a base de oír a Fernando, fui asumiendo algo que en realidad ya sabía: para sentirte bien contigo misma tienes que mantener dentro, en tu interior, el criterio de medida.

Céntrate en optimizar tu propio cuerpo para sacar de él el máximo rendimiento y lograr la mejor versión de ti misma, sabiendo que la mejor versión de uno mismo la llevamos dentro, no es un calco de otra persona. Un original siempre tendrá más vida y más fuerza que una fotocopia, por muy buena que sea la fotocopia. Ahora intento no compararme con nadie... Siempre tienes ídolos, gente en quien te miras para mejorar, pero al final y en lo importante es preferible no compararse con nadie porque todos somos distintos. Se trata de ser auténtico y de medirse con uno mismo.

FRACASA HACIA DELANTE

«Todo fracaso es el condimento que da sabor al éxito».

Truman Capote

¿Qué pasa si abandono o recaigo en mitad del programa?

Lo importante es volverse a levantar.

Es normal que en la lucha por un nuevo objetivo nuestra voluntad flojee de vez en cuando. Todos perdemos batallas. Lo importante es ganar la guerra y acabar el desafío con los brazos en alto. Por eso al caer hay que caer hacia delante.

¡El éxito no es una línea recta hacia arriba!

Un paso atrás no borra todos los que has dado hacia delante salvo que tú lo permitas: el fracaso está en darle a esa caída más peso del que en realidad tiene. Es un paso atrás, pero lo recuperas si no te das por vencida.

Si te has caído, levántate aún más fuerte.

Es cierto que te va a costar un poco recuperar la forma física, la resistencia, la fuerza que tenías antes del parón, pero lo harás. Además, cuando vuelvas a empezar por segunda, tercera o cuarta vez, no será exactamente como empezar de cero. Tu cuerpo tiene memoria, y le va a resultar más fácil volver al estado físico en el que se encontraba justo cuando dejaste de hacer ejercicio.

Enfréntate a tus miedos, a tus inseguridades, a tus caídas, y vive intensamente no solo en el deporte sino en todos los ámbitos del día a día.

En la vida todos pasamos altibajos, momentos en los que estás lleno de energía y momentos en los que te quedas sin fuerzas ni ánimo. En los bajos, quizá lo que menos te importe sea tu apariencia física, pero la descarga de adrenalina y endorfinas que produces al hacer deporte te va a ayudar a relajarte, a desconectar, a sentirte mejor... y a la vez, estarás fortaleciendo y ayudando a tu cuerpo y a tu espíritu. En otras ocasiones no son momentos de bajón emocional, sino que se trata de la llegada de las vacaciones, algún viaje de trabajo, una lesión muscular o enfermedad... cualquiera de las muchas posibilidades que te separan de tu rutina. Lo importante es no dejar de intentarlo porque a veces las cosas no salen a la primera, pero cuando perseveras, lo consigues.

En esto del deporte es habitual ir por temporadas. Ponerse durante un mes a hacer ejercicio diario, coger rutinas de vida sana y luego dejar de ir al gimnasio un día, y después dos, y ya no volver. A mí también me cuesta a veces, pero sé que abandonar esas rutinas de ejercicio y alimentación sana es un lujo que no me puedo permitir. Esos días en los que da más pereza intento no olvidar lo mucho que me ha costado llegar y lo fácil que es perderlo, así que al final no te merece la pena el descanso. Aun así, si te ha pasado, si has desconectado unos días, revisa tu objetivo, vuelve a ilusionarte con la meta, mira a largo plazo y vuelve lo antes que puedas, porque, aunque te cueste un poco más, con intensidad y determinación siempre se puede.

TEN PACIENCIA. DI ADIÓS A LA MENTALIDAD DEL PELOTAZO

Los cambios no ocurren de la noche a la mañana si queremos resultados duraderos.

«Caminante no hay camino, se hace camino al andar».

Antonio Machado

No hay un único camino. Hay muchos. Tienes que elegir uno, seguirlo con mucha intensidad y confiar en que los resultados llegan. Tener paciencia.

Ahora vivimos dentro de la mentalidad del pelotazo. Lo queremos todo rápido. Lo queremos ya y encima sin esfuerzo. Se nos olvida que cualquier cambio en la vida, da igual que sea espiritual o físico, requiere una gran dosis de voluntad y pasión.

El cambio primero tiene que darse en uno mismo, tienes que quererlo, desearlo intensamente, y después actuar en consecuencia.

Olvida los mil anuncios o consejos que nos bombardean con dietas milagrosas y ejercicios «cien por cien eficaces y sin esfuerzo»: «Ponte en forma mientras duermes». «Trabaja tus abdominales tirado en el sillón». «Pierde tres tallas en cinco días». Todo mentira. Solo es una parte más de la mentalidad del pelotazo que vivimos ahora: todo lo queremos ya, y además sin esforzarnos. Pues no, así no funciona esto. Lo del pelotazo no funciona.

Si no vemos un cambio impactante en las primeras tres semanas, si valoramos el nivel de esfuerzo y sacrificio en función de unos resultados que no son inmediatos... Paciencia. Confía en que estás en el camino correcto y en que los resultados llegan: solo debes tener paciencia y creer en ese camino, comprometerte con él, seguirlo a diario sin darte por vencida. Es tu camino, es el que elegiste, camínalo, descúbrelo hasta el final.

Si queremos resultados hace falta fe, compromiso, constancia, intensidad. Si no, pueden pasar años y seguiremos en el mismo sitio.

Hay que avanzar con cuidado, mentalizar a nuestro cuerpo para los cambios, poco a poco. Es el modo correcto y duradero de ponernos en forma. No podemos pasar de 0 a 100 en un momento. Eso no es intensidad, eso es una locura. Hemos de ganar en intensidad poco a poco y cuando nuestro cuerpo esté preparado.

Como decían antes los maestros: «Despacito y con buena letra». El proceso de ponerse en forma es como una carrera de fondo, intensa y constante, porque cualquier cambio en la vida, espiritual o físico, requiere grandes dosis de voluntad y pasión. El cambio primero tiene que darse en uno mismo.

Mejor estudiar durante un año una hora diaria que durante una semana cinco horas al día. Aprendes más con lo primero. Mejor hacer ejercicio tres veces por semana durante un año que un mes seis horas todos los días. Funciona mucho mejor lo primero.

La paciencia es fundamental para no venirse abajo, y también tiene mucho que ver con ir observando los pequeños avances. A veces nos volvemos muy impacientes porque queremos alcanzar nuestro objetivo lo antes posible y llegamos a desesperarnos.

Hay una analogía de la *life-coach* Lynn Robinson que me encanta. Imagina que quieres tener flores en tu jardín. Plantas unas semillas, las riegas un par de veces y a la semana siguiente empieza a nacer un pequeño brote en la tierra. ¿Te marcharías enfadada porque tú querías flores y no brotes? No, sabes que es el comienzo. El pequeño brote es solo la prueba de que la flor está en camino y eso te debería animar a seguir regando la planta, abonándola y cuidándola como el primer día. Es absurdo reaccionar mal si no vemos resultados de la noche a la mañana con la dieta o el ejercicio, los cambios duraderos necesitan tiempo. Y eso pasa en todos los ámbitos.

Una buena amiga mía lleva años intentando abrirse camino en la interpretación. Ella también es actriz y ha pasado por momentos de querer tirar la toalla o de preguntarse cuándo va a ocurrir algo, cuándo va a llegar algún pequeño papel que le haga ver que está en el camino correcto. Quitando algunos afortunados, todos los que trabajamos en el cine pasamos por esto. Con suerte es solo al principio, pero nunca sabes.

Sin embargo, y aunque ella no se daba cuenta, sí estaba logrando pequeños éxitos que tenía que aprovechar. Por ejemplo, no tenía agente y de pronto consiguió uno, pero como no era la meta final, no alcanzaba a valorarlo. Cuando estamos un poco hundidos es más fácil que alguien nos ayude a verlo desde fuera, pero lo mejor es que nosotros mismos estemos pendientes para reconocer esos éxitos, porque ayudan muchísimo a no rendirse y a tener paciencia. Ahora mi amiga ha conseguido un papel en una serie así que su camino ya está más despejado. Su tenacidad, sus esfuerzos hicieron que consiguiera sus objetivos.

Sigue ahí. No te rindas. No te desmoralices. Todo llega. Cuando luchas por un objetivo de verdad, con intensidad, dándolo todo, sin rendirte, al final antes o después se consigue. De hecho, la inmensa mayoría de la gente que alcanza sus objetivos los alcanza después de un camino difícil, poco apto para impacientes.

En el *fitness* es lo mismo: no podemos obsesionarnos con las prisas o pensar «no he bajado los 10 kilos que quería», o «aún tengo los brazos poco tonificados», o «sigo teniendo michelines»... Hay que disfrutar de ese camino, incluso del sufrimiento, y tener paciencia porque tardará más o tardará menos, pero es el camino que nos lleva al objetivo.

¡DISFRUTA EL CAMINO!

Y eso no quiere decir trabajar menos. Apasiónate por un deporte o una forma de hacer ejercicio. Súfrelo, súdalo y verás los cambios. Esa y solo esa es la manera de progresar, si nos divertimos con la satisfacción del esfuerzo cumplido.

Mi objetivo número uno como entrenador es que te guste el ejercicio, que enganche con tus emociones, porque si te gusta lo vas a hacer. Y al contrario, si no te gusta, si es una obligación, no va a durar. Así que elige lo que quieras, lo que haga que te sientas bien. ¿Cuál es el mejor ejercicio? El que te guste. ¿Cuál es el mejor aparato? El que te guste. Elige el que te guste, pero hay que hacerlo. Trabaja con lo que te gusta, engánchate y disfrutarás más del camino.

Lo decía Rafa Nadal después de ganar las semifinales del que se convertiría en su octavo título de Roland Garros, un partido interminable y durísimo contra Novak Djokovic: «He aprendido a disfrutar el sufrimiento».

Lo que te espera es trabajo duro y cierto sacrificio, pero también esa sensación de alzar los brazos y de sentirte orgullosa en muchos instantes del recorrido. Te espera diversión, disfrutar del ejercicio y de lo que vas logrando al seguirlo. Estas son las recetas:

- Comprométete y toma las riendas en pos de tus objetivos.
- Anticipa las zancadillas y si caes, cae hacia delante.
- Confía en que vendrán resultados: ten paciencia.
- Disfruta lo que haces.
- Exprime cada segundo y sube el listón más alto.
- Y sobre todo, hagas lo que hagas, recuerda que la intensidad manda.

¿Estás lista?

02

EJERCICIOS CARDIOVASCULARES

AERÓBICOS - ANAERÓBICOS

VERDADES SOBRE LA GRASA Y EL ENTRENAMIENTO FÍSICO

¿Por qué necesitas los ejercicios cardiovasculares aeróbicos con picos de intensidad? Los necesitas porque esos ejercicios y esos picos se van a convertir en el mazo que rompa, o haga que se despierten, las estructuras interiores que no nos sirven antes de empezar a construir de nuevo. Quieres adelgazar y ponerte en forma, lograr la mejor versión de ti misma. Así es como funciona:

1 Lo que importa no es tanto el número de calorías que quemas durante el ejercicio, sino las que quemas cuando no estás haciendo ejercicio, es decir, en ausencia de movimiento, que es la mayor parte del tiempo.

2 No estás gorda solo porque comes mucho. Estás gorda porque quemas mal la grasa. Y quemas mal la grasa porque no estás en forma. Por cierto, cuanto menos en forma estás, más tarda tu cuerpo en vaciar los depósitos de grasa cuando empiezas a hacer ejercicio.

3 La grasa de tu cuerpo no es el problema en sí. Es un síntoma del problema. El verdadero problema es que cuando comes, en vez de quemar los alimentos produciendo energía, tu cuerpo los almacena produciendo grasa. Además de aprender a comer correctamente, ponte en forma.

4 Cuando haces ejercicio a intensidades elevadas le estás mandando un claro mensaje al cuerpo: cambia, mejora, hazte más fuerte, y es cuando empieza la rehabilitación metabólica y comienzan a mejorar las infraestructuras internas.

5 Puedes tener treinta años con un cuerpo de cincuenta, o puedes tener cincuenta años con un cuerpo de treinta. Esta es la diferencia entre la edad biológica y la edad cronológica.

6 No importa la edad, si eres hombre o mujer, o el estado físico en que te encuentres: nunca es tarde para revertir la mecánica de tu motor interior.

TU CUERPO Y LA MAQUINARIA QUEMAGRASAS

1

Lo decíamos en la página anterior: cuando haces ejercicio a intensidades elevadas le estás mandando un claro mensaje al cuerpo. Le dices que cambie, que mejore, que se haga más fuerte, y es cuando empieza la rehabilitación metabólica y la optimización de las infraestructuras internas.

¿Y eso qué significa? ¿En qué consiste esa «maquinaria quemagrasas»?, ¿qué estructuras internas son las que vamos a rehabilitar en nuestro desafío de 90 días para lograr resultados?

Para empezar…

¿POR QUÉ MUCHAS DIETAS FRACASAN?

Muchas veces nos descuidamos y de pronto vemos que hemos engordado o subido de talla. ¿Cuál es la reacción inicial? Nos ponemos a dieta y dejamos de comer. Es una reacción normal, porque si dejamos de comer, por supuesto que vamos a perder peso... Solo que no se trata de volver a perder peso de cualquier manera. Esto pasa porque hoy día la inmensa mayoría se preocupa más por tener un buen aspecto que por sentirse bien, por arreglar la fachada como sea, olvidando que este cambio tiene que empezar desde dentro hacia fuera.

¿Quién no conoce a alguien que no haya perdido un par de kilos en una dieta o 5 kilos en otra para volver a recuperarlos en poco tiempo?

Lo que tienes que entender es que engordar o ganar grasa es por encima de todo un síntoma, y los problemas no se solucionan atacando los síntomas —porque si nos limitamos a eso, aparecerán otra vez—, sino sus causas primeras.

¿De dónde viene el problema? El problema viene de que no has hecho nada por arreglar tu infraestructura, tu metabolismo deteriorado, tu edificio en ruinas, llámalo como quieras... Tienes que rehabilitar la maquinaria quemagrasas.

Yo lo veo de esta manera: imaginad que de repente os salen humedades en la fachada de vuestro edificio y en vez de llamar al fontanero para que os arreglen la tuberías que están picadas (el verdadero problema), llamáis al pintor para que os ponga una capa de pintura en la pared. Os imagináis el resultado, ¿no? Pues que os volverán a salir las humedades... una y otra vez. Lo mismo pasa con la grasa: recuperaremos enseguida la que perdamos a base de dejar de comer y hacer regímenes locos que no incluyan el ejercicio y unos nuevos hábitos alimenticios saludables.

LA MAQUINARIA QUEMAGRASAS

En mis conferencias, en mis libros, en algunos artículos que he escrito, en mis entrenamientos personales, el funcionamiento de la maquinaria quemagrasas es un concepto que no me canso de repetir... y ¿por qué lo hago? Porque es importantísimo que lo entendáis si queréis empezar a tomar control de vuestro peso y de vuestra salud de una vez por todas.

Y así empiezo mi explicación:

¿Cómo se quema la grasa dentro del cuerpo?

A ver, en primer lugar tenemos los tanques de combustible del cuerpo (almacenes de grasa), que en las mujeres suelen estar en las caderas y en los hombres en el estómago. Luego tenemos el motor del cuerpo donde se quema el combustible (o sea la grasa). Pongamos el ejemplo de un coche:

¿Dónde creéis que se consume la gasolina de vuestros coches?

... ¿En la carrocería? ¿En las ruedas? «Jo... mi coche consume mucha gasolina porque tiene unas ruedas muy grandes». Claro que no. El consumo de gasolina dependerá de la cilindrada de tu motor. A mayor cilindrada más poder de combustión, es decir, un motor de ocho cilindros quema más que uno de dos. Pues el motor del cuerpo es el músculo, que es el responsable de un alto porcentaje del metabolismo del cuerpo (consumo de calorías). Cuando empiezas a hacer ejercicio el músculo agarra el teléfono y llama al tanque de combustible: «Oye, mándame gasolina porque creo que Elsa está haciendo ejercicio». En el tanque de combustible hay unos obreros que son los encargados de vaciar la gasolina (la grasa) por las carreteras (tus venas), conduciéndola hasta el motor donde se quema en presencia del oxígeno en las mitocondrias, unos hornos especializados en producir energía.

¿Qué pasa en un cuerpo que está en mala forma física?

Que la llamada «mandadme grasa» se hace con un teléfono antiguo, así que la comunicación se entrecorta y no suena bien. Los obreros que reciben la llamada en los tanques de combustible están echándose la siesta, son muy poquitos y usan palas porque no están acostumbrados a las nuevas tecnologías ni a que les metan prisa. La poca grasa que liberan circula por unas carreteras en unas condiciones lamentables, de un solo carril y llenas de baches. La que llega al motor (al músculo) se las tiene que ver con unos hornos muy pequeñitos, además de pocos. Y encima no tienen suficiente oxígeno para la mezcla que lo pone en marcha todo, porque cuando no estás en forma tus pulmones extraen muy poco oxígeno del aire y tu corazón está más débil y bombea menos oxígeno a través de la sangre.

Cuando somos jóvenes esta maquinaria suele funcionar perfectamente porque todo está nuevo, y además salimos, nos movemos, lle-

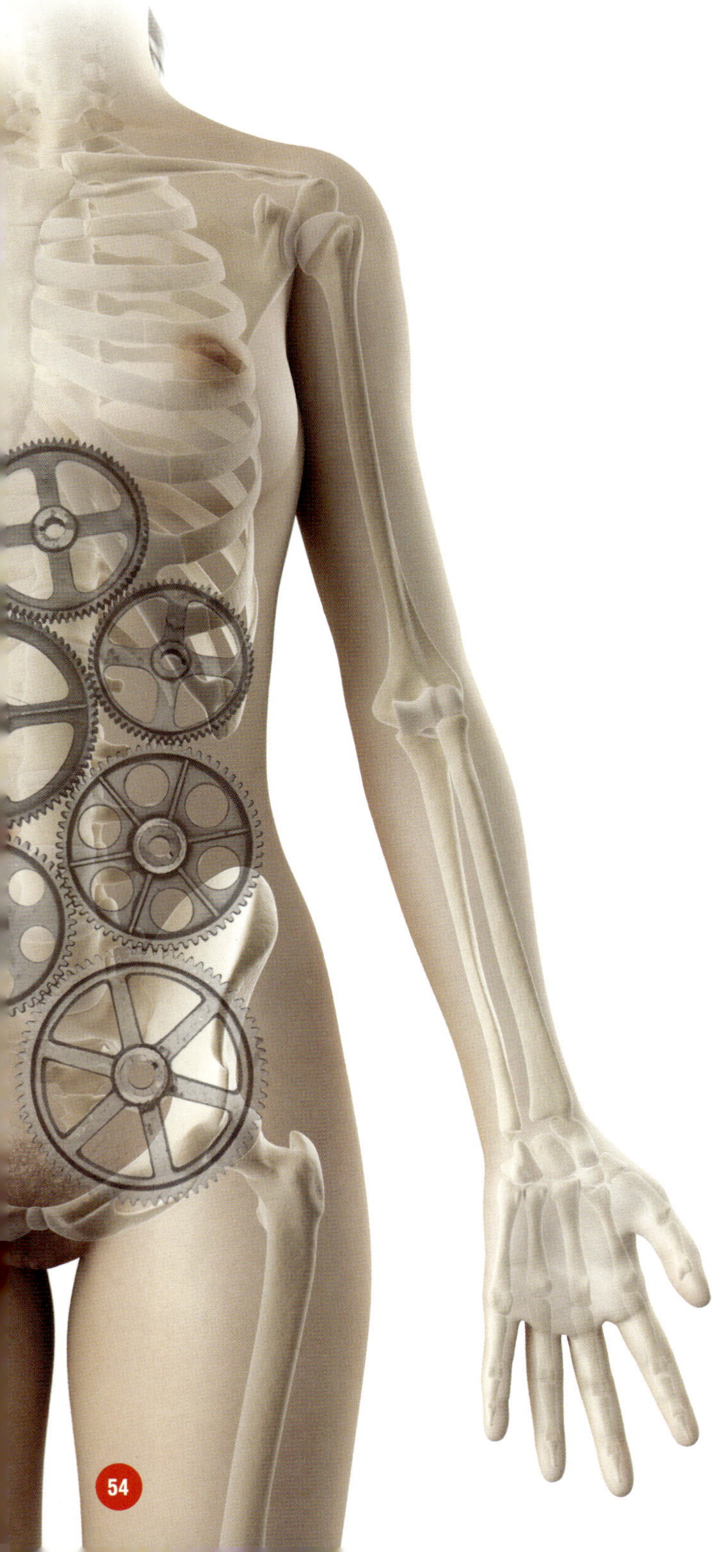

vamos una vida activa... Pero con el paso del tiempo empiezan las responsabilidades y los achaques; cada vez nos movemos menos y comemos más, sobre todo más calorías vacías. Y ¿qué pasa con la maquinaria quemagrasas? Que empieza a fallarnos.

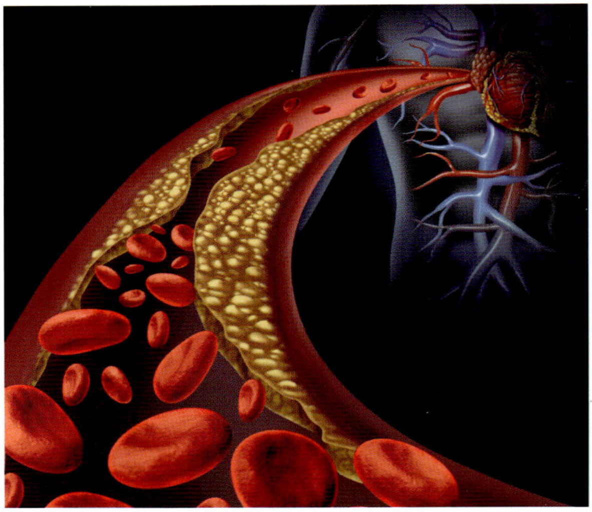

En esas condiciones, podemos decir que tu maquinaria quemagrasas ha dejado de funcionar de manera eficaz, y lo que antes comías y quemabas ahora lo almacenas en los depósitos favoritos del cuerpo, que son el trasero, las caderas y la tripa.

Comprendo que quieras lucir palmito para que te queden bien los vaqueros (o la blusa o la chaqueta). Pero como no arregles las goteras de tus tuberías interiores y tu cableado eléctrico te volverán a salir humedades en la fachada. Por lo tanto, no necesitas empezar a comer como un pajarito y matarte de hambre. Lo que necesitas es una rehabilitación metabólica y aprender a comer saludablemente de una forma sostenible.

CUANDO ESTÁS EN

BAJA FORMA

1. RESERVA DE GRASA

2. LOS OBREROS ENCARGADOS DE VACIAR LA GRASA DEL CUERPO ESTÁN DORMIDOS

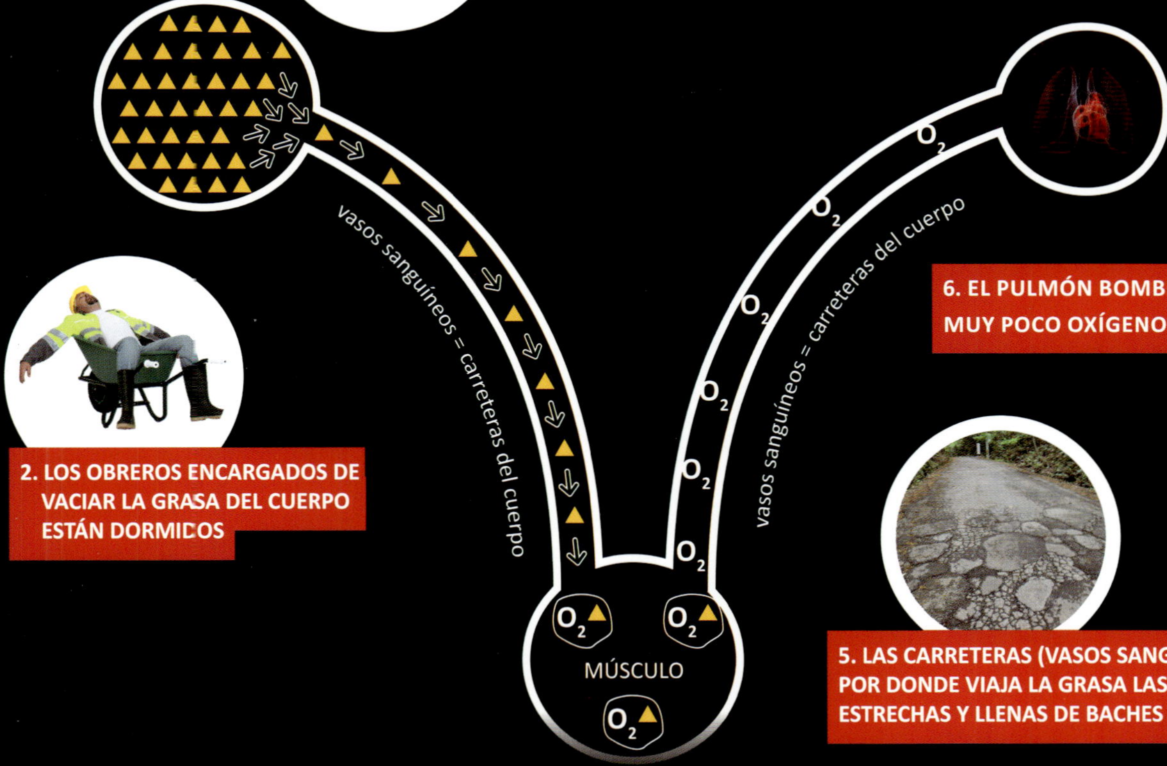

3. MITOCONDRIAS HORNOS QUEMAGRASAS DENTRO DEL MÚSCULO

4. CON UN MOTOR (MÚSCULO) PEQUEÑO SE QUEMA POCA GRASA

5. LAS CARRETERAS (VASOS SANGUÍNEOS) POR DONDE VIAJA LA GRASA LAS TIENES ESTRECHAS Y LLENAS DE BACHES

6. EL PULMÓN BOMBEA MUY POCO OXÍGENO

7. TE SIENTES CANSADA

Necesitas una rehabilitación metabólica.

A medida que te vas poniendo en forma, vas mejorando toda esa estructura interior. Las llamadas ya no van por teléfono de cable, ahora se hacen por internet de banda ancha, mucho más eficiente. Los obreros son ingenieros especializados. La grasa circula ahora por autopistas de cuatro carriles, y cuando llega al motor, en vez de estar esperándola tres hornitos pequeños, hay veinte hornos industriales de alta tecnología. Además, el oxígeno ya no llega con cuentagotas. Como tienes un pulmón en forma y un corazón muy sano, llega a grifo abierto.

Vamos a optimizar ese proceso en el interior de tu cuerpo.

EL OBJETIVO DE INTENSIDAD MAX ES PASAR

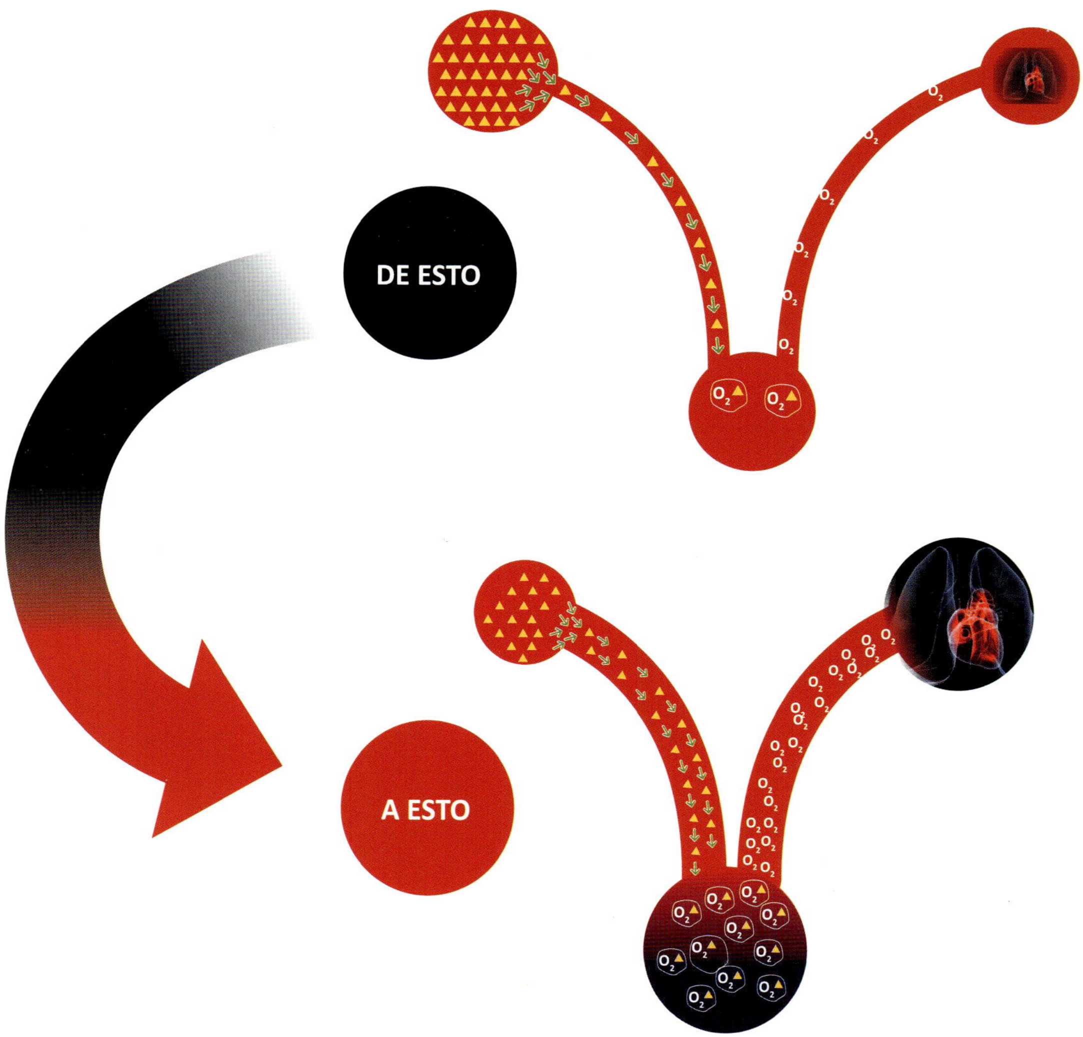

CUANDO ESTÁS

EN FORMA

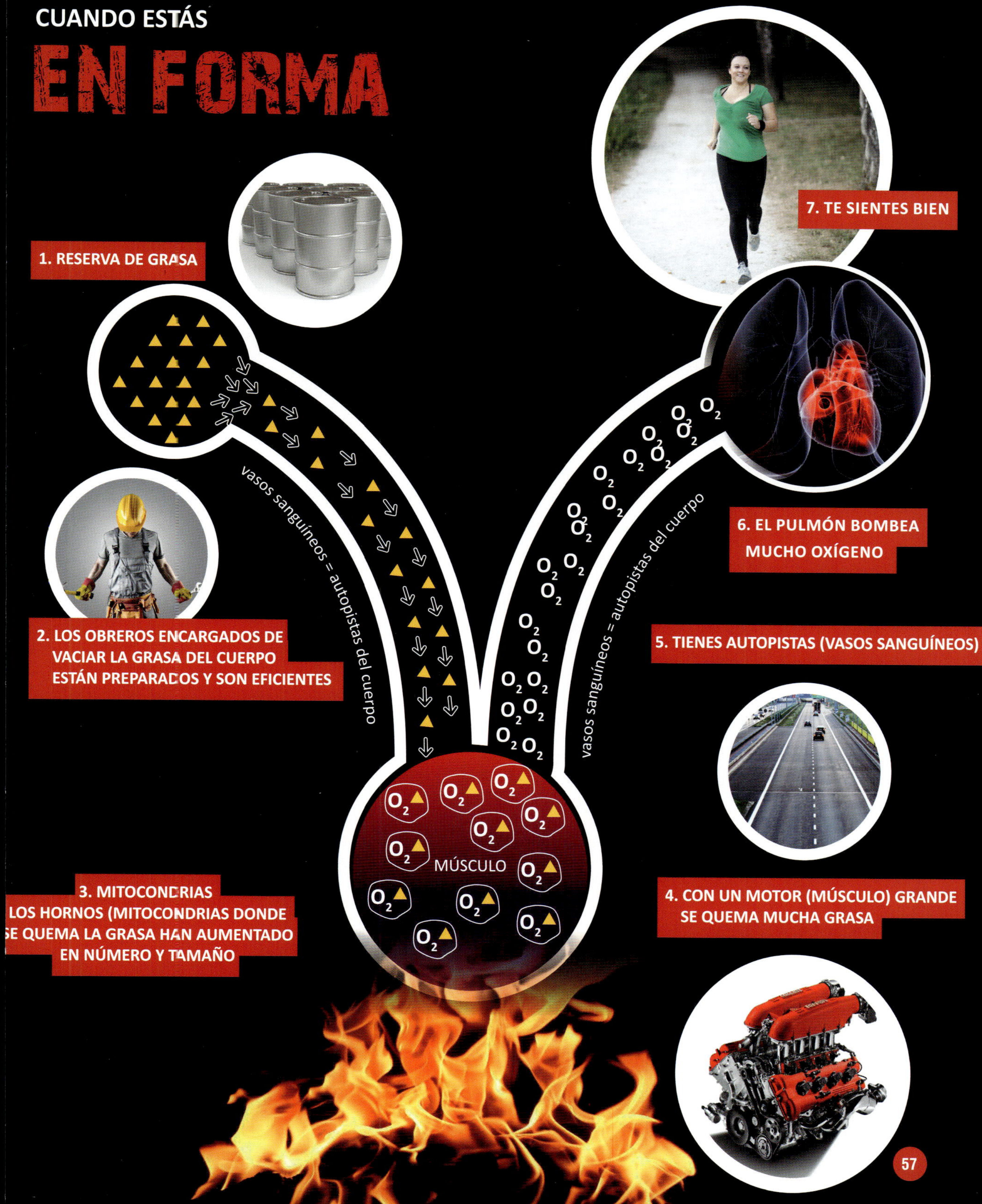

LA GENÉTICA QUEMAGRASAS

¿Qué pasa con esas mujeres que comen como limas, llevan una vida de lo más sedentaria y siguen como si nada? Ahí es donde entra la genética quemagrasas.

Hay personas que no comen demasiado pero que engordan con facilidad y además les cuesta un mundo perder grasa. Asumen que hay algo que no funciona en su metabolismo y, como lo achacan a que están comiendo demasiado, empiezan un régimen y al poco tiempo se dan cuenta de que siguen sin perder grasa aunque coman menos que antes.

En el extremo contrario, hay otras que nacen con un metabolismo y una maquinaria quemagrasas privilegiada, que pueden comer de todo y no engordan... Son auténticas «quemagrasas de nacimiento»: mujeres que pueden comer kilos de fritos o de dulces y siguen manteniendo una figura estupenda sin hacer el menor ejercicio. Es lo que hay, somos distintos. En nuestra genética, en nuestra estructura corporal...

Os voy a dar un ejemplo muy ilustrativo:

El de Maria Sharapova y Venus Williams, dos tenistas profesionales. Las dos son jugadoras profesionales, entrenan más o menos las mismas horas de tenis, hacen los mismos ejercicios pero tienen físicos radicalmente diferentes. ¿Podría un día Venus Williams tener el cuerpo de Sharapova?

Por mucho ejercicio que haga nunca podrá tener el físico estilizado de Sharapova... Lo siento, cuestión de genética. Si Venus Williams se comparara con Sharapova sería una infeliz, si Sharapova quisiera tener el cuerpo de Venus Williams también sería infeliz, y si yo quisiera tener el cuerpo de Brad Pitt también sería un infeliz.

En resumen: puede haber mujeres con silueta de pera o de manzana, bajitas y fornidas o altas y delgadas, pero el ejercicio apropiado puede alterar el tamaño y la definición de los músculos para modificar la apariencia general.

INTENSIDAD MAX es un desafío a que potencies tu genética. La tuya propia.

No te compares con nadie.
Solo con tu mejor versión.

Desarrolla al máximo
lo que la naturaleza te ha dado.

Y disfruta del proceso.

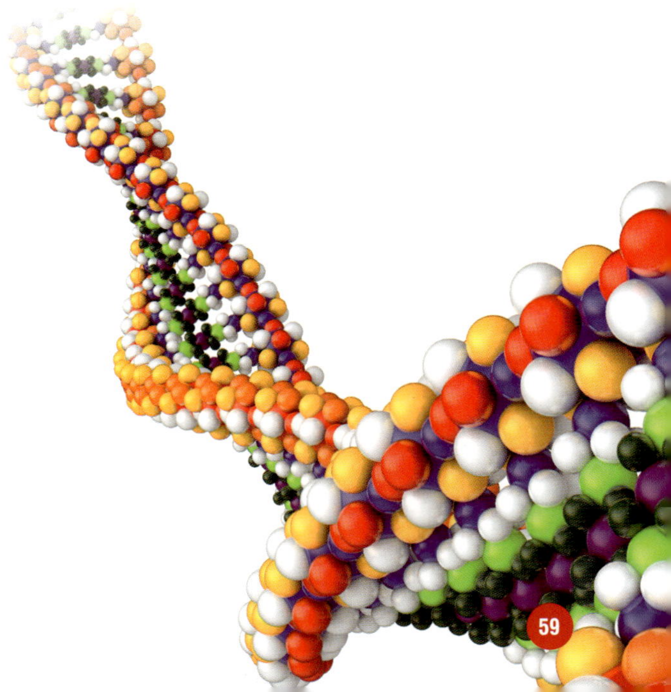

Algunas personas tienen un oído privilegiado para la música o los idiomas. Otras son deportistas natas o brillantes en los estudios. Parece que les cuesta menos que al resto jugar bien a algún deporte, o estudiar, o aprender un idioma... Eso mismo pasa con los cuerpos que nacen con motores de alta cilindrada, auténticos Fórmula Uno. Mujeres con una silueta a prueba de cualquier tipo de grasas. No es mi caso. Si tampoco es el tuyo, nuestra ventaja es que, cumplidos nuestros objetivos, podemos sentirnos orgullosas de haberlo conseguido.

Tal y como lo veo, ¿tiene sentido presumir de algo que te viene dado? ¿Es lógico sentirse orgulloso de tener unos ojos azules increíbles o de medir metro ochenta? Seguro que puedes sentirte afortunado y disfrutarlo, pero no tienes mérito, no tienes de qué sentirte orgulloso. Uno se siente orgulloso de lo que gana a pulso.

Y lo mismo pasa al revés: si no nos ha tocado una cilindrada Ferrari podemos pensar «vaya suerte quien la tenga», pero no podemos permitirnos volver contra nosotras ninguna frustración o ninguna energía negativa. Al contrario: tenemos la suerte de que al conseguir un estado de buena forma, además de disfrutarlo, nos sentiremos orgullosas de haberlo logrado.

CAMBIA TU MENTALIDAD A UNA MENTALIDAD *FITNESS*

Cuando empiezo a entrenar a mujeres flácidas, blandas y gordas, suelo ver algo curioso: quieren bajar de peso como sea, y desde luego lo primero que piensan es «tengo que comer menos». Les da igual su condición física, les da igual cuántas flexiones pueden hacer, cuánto aguantan en una bici, cuánto tiempo son capaces de correr... Esas mujeres no establecen la relación entre ganancia de peso o estar blanda y su nivel de *fitness*.

Mi trabajo es tratar de cambiar el chip a una mentalidad *fitness*.

Pasar de la conexión:

Lo hemos visto: muy poca gente se pregunta por las causas interiores de su sobrepeso. Por supuesto que tienes que cuidar la alimentación si estás engordando pero, como hemos dicho, el exceso de grasa no es un problema sino el síntoma del problema.

El problema es: ¿qué pasa para que esté ganando peso tan fácilmente? Llámalo metabolismo o química interior, pero concéntrate en las causas internas. Repito:

No necesitas una dieta,
¡necesitas mejorar tu metabolismo!

Cuando cambias tu mentalidad y la enfocas a un estilo de vida *fitness* te olvidas de medir tu cuerpo por lo que pesa en la báscula y empiezas a medirlo según los cambios metabólicos interiores. De esa forma, a medida que mejora tu condición física y sin darte cuenta de ello, te estás convirtiendo en una auténtica maquinaria quemagrasas... Así que:

Tira la báscula por la ventana.

La manera de optimizar tu metabolismo, reparar tu maquinaria interior deteriorada y la tendencia de tu cuerpo a acumular grasa implica que salgas de tu zona de comodidad, te hagas responsable de tu salud y empieces a hacer ejercicio con intensidad.

Si no estás perdiendo grasa, si tu maquinaria quemagrasas no está funcionando porque tus músculos no queman las moléculas de grasa de forma eficiente, lo que necesitas hacer es enseñar a tu cuerpo a procesar bien la grasa.

El metabolismo no es tan complicado como mucha gente quiere hacerte creer.

¿Tus músculos queman grasa o no? Tan simple como eso.

Hay tres formas de mejorar tu metabolismo:

- Haciendo ejercicios cardiovasculares aeróbicos con picos de intensidad.
- Practicando ejercicios de tonificación para endurecer.
- Comiendo alimentos nutritivos en pocas cantidades a lo largo del día.

¿Y esto cuánto tiempo te va a exigir?

Poner en marcha una maquinaria estropeada lleva su tiempo, pero no te va a requerir tres horas de ejercicio diario. Siendo realistas, hablamos de dedicarle tres días de tu semana a la preparación aeróbica y otros tres a la tonificación en sesiones de 30-45 minutos al día, incluyendo el calentamiento previo y los estiramientos.

Después de tres meses, con una alimentación correcta, equilibrada, te garantizo que verás resultados.

Este desafío de 90 días va a reeducar tu maquinaria interior haciéndola más efectiva a la hora de quemar grasa. Y el primer punto te va a ayudar a despertar esas estructuras y mecanismos internos que andan remoloneando.

2

EJERCICIOS CARDIOVASCULARES AERÓBICO-ANAERÓBICOS CON INTERVALOS DE ALTA INTENSIDAD

ENTRENANDO CON ELSA

La parte cardiovascular de nuestro programa se basa en el concepto de intervalos de alta intensidad. ¿Por qué es tan importante?

No te imaginas la de veces que voy a los gimnasios y veo a la gente subida en las bicis estáticas o en los *steppers*, leyendo el periódico como si estuvieran en el salón de su casa, o charlando con los amigos. Estos son los que van al gimnasio y después se quejan de que no mejoran. Es verdad que es preferible hacer algo, por poco que sea, que no hacer nada. Pero si quieres transformar tu cuerpo en 90 días y ver cambios cuando te quitas la ropa y te miras delante del espejo, vas a tener que añadir intervalos de alta intensidad en tus entrenamientos.

En nuestro programa de entrenamiento, esos picos de intensidad los vamos a medir siempre con niveles de Percepción Subjetiva de Esfuerzo (PSE). Buscamos picos de intensidad máxima, y esos picos son subjetivos y cambiantes. Por eso tenemos que adaptar el nivel de la máquina a la PSE que estamos buscando, y nunca al revés.

TABLA DE PERCEPCIÓN SUBJETIVA DE ESFUERZO (PSE)

ZONA ANAERÓBICA INTENSIDAD MAX (Sin oxígeno no quemas grasa)	10 Actividad de Máximo Esfuerzo Parece imposible seguir. Incapaz de hablar. Sin aliento.
	8-9 Actividad Muy Fuerte Muy difícil mantener la actividad de ejercicio. Apenas puedes hablar o decir una palabra.
ZONA AERÓBICA QUEMAGRASA	6-7 Actividad Vigorosa En el límite de convertirse en incómodo. Falta de aliento. Se puede decir una frase.
	4-5 Actividad Moderada Te sientes como si pudieses hacer ejercicio durante horas. Respiras más profundamente y puedes mantener una conversación entrecortada.
ZONA AERÓBICA	2-3 Actividad Ligera Te sientes como si se pudiera mantener por horas. Es fácil respirar y mantener una conversación.
	1 Actividad Muy Ligera Ver la televisión, conducir... Todo lo que no sea dormir.

Este bloque de cardio de INTENSIDAD MAX puedes aplicarlo tanto en carrera sobre cinta como en bicicleta estática, elíptica o *stepper*.

En nuestro programa de entrenamiento de 90 días, trabajaremos los bloques de aeróbico-anaeróbico tres días a la semana, igual que haremos con la tonificación. Trabajaremos cardio en días alternos: martes, jueves y sábado. Tres días, poco más de 30 minutos cada uno de ellos: una hora y media a la semana para darlo todo y lograr resultados.

Elige tu máquina favorita y empezamos. 30 minutos para poner en marcha el terremoto en el interior de tu cuerpo.

MINUTOS	DURACIÓN	ELÍPTICA*	PSE** Elsa	
30-35	2 minutos (recuperación)	Elíptica 3	COOL DOWN	
29-30	PICO 1 MINUTO	Elíptica 12	PSE 8-9	4º PICO
27-29	2 minutos (recuperación)	Elíptica 4	PSE 3-4	
26-27	PICO 1 MINUTO	Elíptica 12	PSE 8-9	3er PICO
24-26	2 minutos (recuperación)	Elíptica 4	PSE 3-4	
23-24	PICO 1 MINUTO	Elíptica 12	PSE 8-9	2º PICO
21-23	2 minutos (recuperación)	Elíptica 4	PSE 3-4	
20-21	PICO 1 MINUTO	Elíptica 12	PSE 8-9	1er PICO
10-20	10 minutos	Elíptica 8	PSE 4-6	
5-10	5 minutos	Elíptica 7	PSE 4	
1-5	5 minutos	Elíptica 4	PSE 2-3	

ZONA DE SUFRIMIENTO DE LOS CAMPEONES DEL CAMBIO

ZONA DE INTENSIDAD MAX

ZONA DE CALENTAMIENTO

* El nivel de la elíptica es relativo porque cada marca de máquina es diferente. Lo importante es que tu percepción subjetiva de esfuerzo sea la correcta.

** Percepción subjetiva de esfuerzo.

min. 1-10. PSE 2-3 a 4. Comenzamos poco a poco, sin violencia. Los primeros 5 minutos nos movemos en el nivel 4 de la máquina, que corresponde más o menos al nivel 3 de la Percepción Subjetiva de Esfuerzo (PSE). En el minuto 5 sube al escalón 7 de la máquina, nota cómo te cuesta un poco más y mantenlo hasta el minuto 10.

Podríamos decir que los primeros 10 minutos son de calentamiento. Estamos «preparando» el cuerpo, porque nuestro organismo funciona mucho mejor con un despertador gradual. En estos 10 minutos vamos avisando a todos los implicados: «Encargados de vaciar depósitos de grasas, preparaos. Corazón, pulmones, a despertarse. Todos listos, que enseguida nos va a hacer falta que mandéis oxígeno».

min. 10-20. PSE 4-6. Durante estos primeros 10 minutos aún serás capaz de mantener una conversación, pero a partir del minuto 10 la cosa cambia: ya en el minuto 10 te toca subir un par de escalones de resistencia de la máquina y aquí ya verás cómo te va costando un poco más hablar. Si hablas, serán frases entrecortadas. En la tabla de PSE corresponde al nivel que va del 4 al 6, donde vamos a mantenernos 10 minutos, hasta el 20.

Durante los primeros 20 minutos estamos trabajando aeróbicamente, a un ritmo que podrías aguantar mucho más tiempo. No te falta aire, pero como lo que nos interesa no es tanto la cantidad como la calidad y queremos sacarle todo el provecho a tu sesión de media hora, a partir del minuto 20 empezaremos con los picos de alta intensidad. ¿Preparada?

min. 20. PSE 8-9. En el minuto 20 sube al escalón de resistencia 12 del *stepper* durante 60 segundos. Recuerda que buscamos llegar a tu PSE 8-9, al máximo a todo lo que puedas. No te reserves nada.

¡Bienvenida! Te acabas de adentrar en la zona de sufrimiento, la zona de los campeones donde vas a estar muy sola porque no hay mucha gente —los demás están charlando animadamente delante de una copa o fumándose un cigarrillo—, pero esta es la zona del cambio, la zona de INTENSIDAD MAX.

¡Ánimo! 45 segundos... 30... Solo 15 segundos más, ¡¡VAMOS!!

Aquí es donde se ponen de manifiesto tu motivación y compromiso. ¡¡VAMOS!! ¡A sufrir, a quedarte sin oxígeno!

Para cuando se cumplan los 60 segundos, casi has llegado al límite de tu fisiología, y cuando no puedes ni hablar. ¡Buen trabajo! Eso es justo lo que buscábamos.

min. 21-23. PSE 3. Un pequeño respiro: del minuto 21 al 23 baja de nuevo al grado de resistencia de la máquina en el que hiciste el calentamiento. De ese modo nos recuperamos y nuestras pulsaciones bajan otra vez a la zona aeróbica, a la zona con oxígeno. Minuto 23. ¿Lista? Pues a por el siguiente.

min. 23. PSE 8-9. En el minuto 23 subimos otra vez el grado de resistencia buscando nuestro PSE 8-9, el máximo. Otros 60 segundos. Otro pico de intensidad seguido de dos minutos de recuperación, que vamos a repetir en el minuto 26 y en el 29.

En total, cuatro *sprints*, cuatro picos.

Cuando acabes tienes que estar sudando tinta y muy orgullosa.

No olvides felicitarte, ¡estás poniendo en marcha el cambio!

A la hora de trabajar cardio suelo escoger la elíptica. Es mi preferida porque me permite trabajar a la vez brazos y piernas. Como correr, pero sin el impacto de la carrera.

Por lo general, si estoy con Fernando durante estos primeros 10 minutos seguimos de charla, aunque la mayor parte de las veces me suelo conectar enseguida los cascos. Puede faltar el oxígeno, pero no la música. Él dice que es porque prefiero no oír sus sermones. En realidad, centrarme en los bajos me aísla y me ayuda a focalizar y a llevar el ritmo. Busco canciones que me inspiren. Cuando estés trabajando aeróbico y empiece alguna canción que te guste especialmente, verás que es casi como si llegara un lingotazo de azúcar a la sangre: de pronto cuesta menos, vas más rápido, le pones más intensidad. Prepara tus selecciones para entrenamiento. Yo escucho canciones con mucho ritmo, muchos bajos, *techno*... Es solo para eso, música que luego no oigo en otras situaciones, que ni siquiera me gusta mucho, pero para el entrenamiento es perfecta. Como un empujón para ir más intenso.

Los días en los que llego a la sesión con alguna preocupación, esos días en los que me cuesta dejar de pensar en algo que me haya pasado (personal o de trabajo), los primeros 10 minutos seguro que he seguido dándole vueltas en la cabeza. Pero para cuando llega el minuto 20 ya estoy sudando y metida del todo en el ejercicio. Es una de las ventajas. Si de verdad trabajas a muerte, al final la música de los cascos, la concentración y el esfuerzo que te va pidiendo el cuerpo tiran del resto. A mí me funciona también como regla de medida: si en el minuto 20 sigues dándole vueltas a lo que sea que te preocupa es que no estás llevando la intensidad que tendrías que llevar en ese momento.

Al principio, cuando trabajaba elíptica me contentaba con 30 minutos. Luego comencé a subir tiempo, y al final hace ya unos años empecé a trabajar intervalos con Fernando y me di cuenta de que esta es la forma correcta. Es más sencillo cuando tienes a alguien pendiente de subirte el nivel de intensidad en la máquina, pero ahora lo hago yo sola, y cuando lo bajo estoy que no puedo ni dar al botón. Cuesta más, porque tienes que exigirte tú misma para hacer los intervalos. Si lo estás haciendo bien, acabas tan machacada después de cada intervalo de 60 segundos a tope, que lo normal es que tu cabeza empiece a ponerte zancadillas —«Bah, con dos intervalos es suficiente» o «Solo un minuto más para recuperar», esas cosas—, pero aun así hay que hacerlo.

Es verdad, tener a una persona que te entrena lo hace algo más fácil. A esa persona no le puedes decir que no lo haces o que te dé un minuto más, porque está ahí y le estás pagando para que te entrene, pero en cualquier caso al final es igual para todos. Da igual que estés trabajando con un entrenador, tú sola o con otras treinta personas en una clase de *spinning*: quien suda eres tú y quien sufre eres tú. El reto siempre es contigo misma y ganas cada vez que impones la fuerza de voluntad a la tentación de hacer menos de lo que sabes que puedes.

Si llevas mucho tiempo sin hacer ejercicio puede que los «picos» de un minuto sean demasiado para ti, por lo cual te ofrecemos esta opción: en vez de hacer los picos de un minuto de duración, que se te pueden hacer muy duros, hazlos de 30 segundos, con un intervalo de recuperación de 2 minutos. Recuerda que lo importante es que, en los picos, tu PSE llegue al 8-9.

TABLA DE ENTRENAMIENTO DE 30 MINUTOS

INTENSIDAD MAX

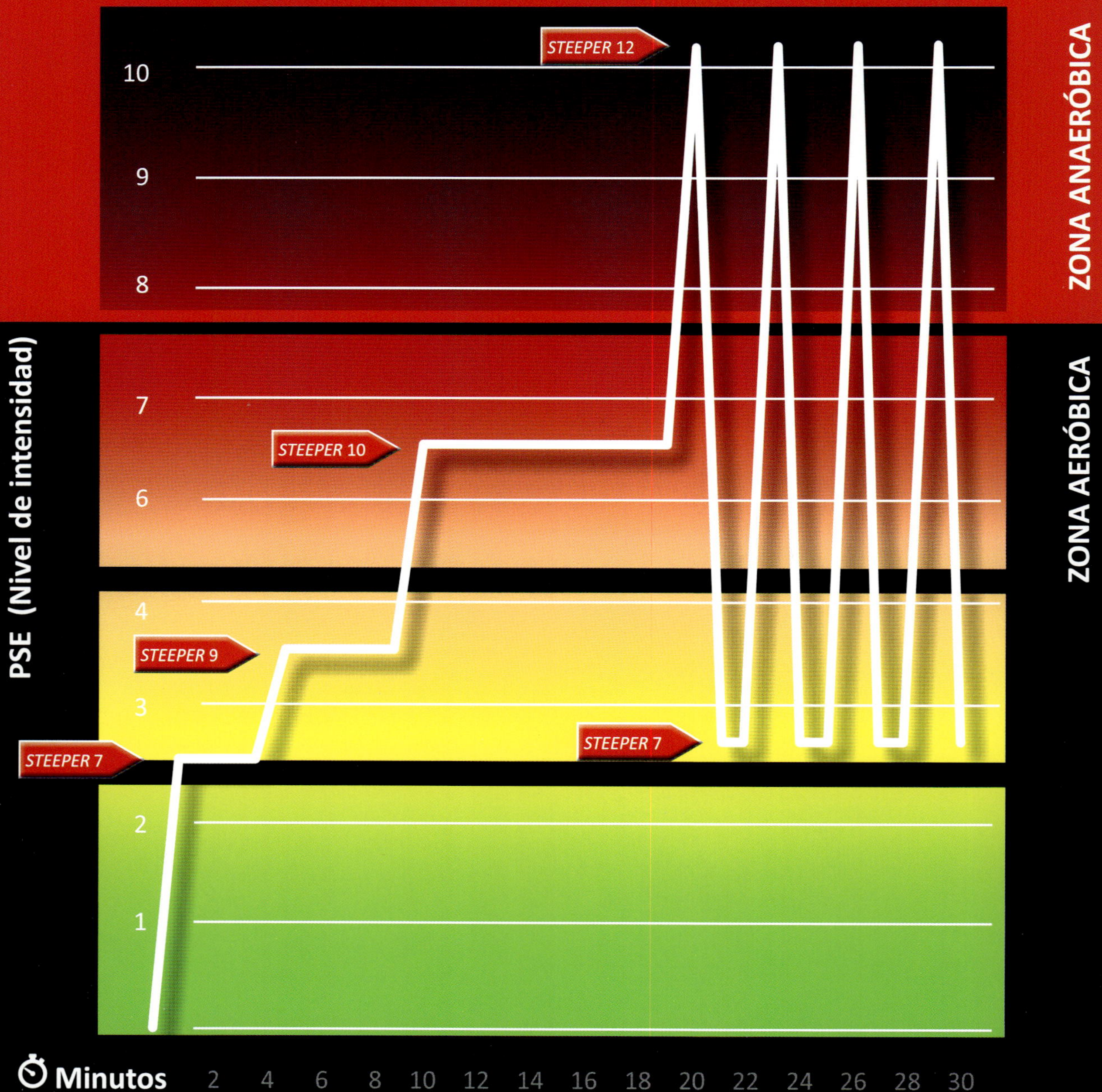

CLAVES DE UN ENTRENAMIENTO CON PICOS DE INTENSIDAD

MI INTENSIDAD NO ES TU INTENSIDAD

Para alguien que lleva años con una vida sedentaria, sin hacer más ejercicio que andar del sillón al coche y del coche al sillón, salir a dar un paseo es una actividad intensa. En cambio, un atleta de élite necesitará horas de gimnasio o duro entrenamiento para que su cuerpo sienta la misma intensidad.

Mi nivel 3 no es tu nivel 3
y tampoco es el nivel 3 de Elsa.

Lo importante es
superarte a ti misma.

Tú tienes un cuerpo y unos objetivos determinados, que son diferentes de los míos o de los de cualquier otra persona. Debes encontrar la intensidad que se ajusta a tu cuerpo y a tus metas, pero siempre buscando tu **máxima intensidad.**

Si dos personas pedalean en la bici a la vez a un mismo ritmo, a lo mejor a una se le disparan las pulsaciones y, en cambio, la otra ni suda porque está en muy buena forma. Algunos llegan en tan mala forma al gimnasio que el primer día basta con subir en la bici y pedalear sin ninguna resistencia para que se les dispare el pulso, mientras que otros tienen que subir el nivel unos cuantos peldaños antes de romper a sudar.

Cuanto más en forma estés, más alto tendrás que poner el nivel de resistencia de la bici, el *stepper* u otro aparato, para trabajar a intensidades más elevadas.

Nosotros estamos trabajando con medidas subjetivas. Solo tú sabes dónde está tu nivel 4 o tu nivel 7 o tu nivel de intensidad máxima.

Si vuelves a echar un vistazo a la tabla de Percepción Subjetiva de Esfuerzo que añadimos antes (página 65), verás que hablamos de zonas aeróbicas y zonas anaeróbicas.

Las aeróbicas ocupan los niveles inferiores y medios de esfuerzo. Son zonas en las que todavía te llega el aliento y en sus tramos más altos (6-7) te exigen un esfuerzo considerable. Aun así, los picos de intensidad máxima están un punto más allá: llegan cuando no te guardas nada en la reserva, cuando vas a todo lo que puedes dar y no te llega el aire a los pulmones.

Sabrás que estás ejercitándote lo bastante duro como para afectar a tu metabolismo cuando no puedas decir ni una palabra.

Si de verdad vas a tope no podrás resistirlo mucho. Por ese motivo son intervalos breves, y es ahí donde entras en la zona anaeróbica del esfuerzo, la zona sin presencia de oxígeno.

Es importante tener en cuenta:

- Antes de comenzar los picos de intensidad, asegúrate de que estás sana, y en caso de duda consulta con tu médido.
- Si después de hacer un pico tardas mucho en bajar las pulsaciones, añade más tiempo a la recuperación.

Cada uno tiene sus propios niveles de intensidad y hay que recordarlo cuando entrenas acompañado. Yo normalmente entreno sola con mi música, aunque cueste más a veces. Entrenar en grupo tiene un inconveniente: de forma inconsciente, cuando entrenas con alguien, el ritmo del otro puede resultar demasiado lento o demasiado rápido, y al final uno de los dos termina entrenando a una velocidad o una intensidad que no es la correcta, porque tendemos a adaptarnos a un ritmo común, en lugar de pensar: «¿Esta es de verdad mi intensidad máxima?».

Estamos llamados a subir el listón, nuestro propio listón. No te despistes y recuerda todo el rato que el reto es contigo misma y que tienes que superar tus propias barreras, que son distintas en cada persona. Tienes que buscar tus límites sin comparar intensidades ni esfuerzos porque solo tú sabes cuál es cada día tu intensidad máxima.

- *Cool down* o enfriamiento: así como el calentamiento sirve para subir las pulsaciones gradualmente, el *cool down* sirve para bajarlas a un nivel normal. Después de hacer tu último pico, tómate tu tiempo para bajar las pulsaciones gradualmente.
- Te recomendamos utilizar un pulsómetro para medir tus pulsaciones cuando hagas tu sesión de ejercicio cardiovascular al aire libre.

LO QUE ANTES ERA ANAERÓBICO AHORA ES AERÓBICO

Hacer ejercicio aeróbico-anaeróbico aplicando los intervalos de alta intensidad es lo mismo que tonificar el corazón y los pulmones. Aquí los picos de intensidad son tus mancuernas.

Igual que para sacar el máximo provecho a tu tono muscular tendremos que hacer pesas, este programa nos ayuda a sacar el máximo rendimiento a tus «autopistas internas», que van mejorando poco a poco.

Según avance el programa de 90 días, irás viendo que allí donde antes tenías que hacer un esfuerzo importante para seguir hablando mientras corrías, ahora hasta puedes desconectar un poco y mantener una charla sin demasiado esfuerzo. De pronto sientes que eso que antes solo aguantabas 5 minutos ahora eres capaz de resistirlo 15.

¿Qué ha pasado? Que estás cambiando tu maquinaria interna, y ahora el corazón y los pulmones son capaces de proporcionarte mucho más oxígeno. Eso es justo lo que estamos buscando para que la grasa —que ya sabes que solo se quema en presencia de oxígeno— se queme en tu cuerpo con más facilidad.

Con el paso del tiempo, igual que tu antiguo nivel 7 se ha transformado en nivel 4, también sucede que el nivel 10 ahora es nivel 7. Es decir, lo que antes era anaeróbico, sin oxígeno, ahora es aeróbico... Tienes que correr más rápido para notar que te quedas sin aire porque has enseñado a tu cuerpo a quemar grasa a intensidades cada vez más elevadas. ¿Qué supone esto?

Tu cuerpo dice: «Me va a tocar prepararme mejor para estar listo la próxima vez que se le ocurra exigirme tanto...». Ahí es donde hemos utilizado el mazo y estamos tirando estructuras viejas. Ahí es donde hemos puesto el despertador a todo volumen para hacer temblar todo y que espabilen las estructuras ruinosas.

Antes notabas que te faltaba el oxígeno en el número 3 de la bici, y nuestra misión es que ahora, para quedarte sin oxígeno, tengas que poner la bici en el 7.

A base de intervalos de alta intensidad lo que conseguimos es que el flujo de oxígeno sea mayor —recuerda: autopistas, no carreteras llenas de baches—, y de ese modo ir haciendo más efectiva tu maquinaria quemagrasas porque ahora estás en presencia de oxígeno más tiempo.

Pelea pico a pico de intensidad,
intervalo a intervalo.

Y gana.

Alguna vez he oído decir a alguna amiga, recién llegada del gimnasio: «Estoy en plena forma. He hecho 45 minutos de cinta y ni siquiera me he cansado». Verlo así es un error. Si haces 45 minutos y no te cansas, mejor no lo hagas... Bueno, vale, mejor hacer algo que no hacer nada... Pero si no te cansas lo único que vas a lograr es mantenerte como estás, cosa que no te resultará satisfactoria si quieres cambios. La rutina es eso: darle la espalda al cambio. También al cambio de tu cuerpo.

Para pasar de aeróbico a anaeróbico tienes que sacudir las estructuras internas y para eso hace falta «incomodar» al cuerpo. Si ya está acostumbrado a lo que le propones, no necesita cambiar nada. La rutina mata la motivación y los logros del entrenamiento diario. No hay nada peor que subirte a la bicicleta y hacer los mismos 15 minutos con la misma dificultad, día tras día.

Por eso es importante cambiar de rutinas en el gimnasio. Al principio, hace años, a mí también me pasaba: empezaba con 20 minutos de carrera y, durante un montón de semanas, cuando veía que ya llegaba a 30 me daba por satisfecha. Pero hace mucho tiempo que sé que eso en realidad no sirve de nada. Tampoco podemos ampliar el horario de entrenamiento cada día, porque es verdad que muchas veces a la hora de hacer deporte el tiempo es un obstáculo real. Por eso no se trata de estar corriendo primero 20 minutos, y luego 30, y luego 40 o 2 horas. Más que eso, sigue con los 30 minutos pero exigiéndote más intensidad.

Yo lo que intento es no acostumbrarme a ningún ejercicio de máquina, no sentirme cómoda del todo: si puedo hacer 10 minutos más, es que los 5 minutos anteriores podía haber subido la intensidad. Eso es lo que va cambiando. Si cambia eso, cambia también tu cuerpo por fuera y por dentro. El cambio se logra solo sudando, y forzando. Hay que romper barreras para que todo cambie.

QUEMAS MÁS CALORÍAS DESPUÉS DE TU SESIÓN DE ENTRENAMIENTO

Muchas veces, al final de una sesión de cardio con alguna clienta, llega la pregunta maldita: «Fernando, ¿cuántas calorías hemos quemado?». Oyen la respuesta y se echan las manos a la cabeza: «Pues poquísimas, a lo mejor ¿200?, ¿300? Depende».

De entrada, tengamos claro que todas esas máquinas que nos dicen con precisión científica cuántas calorías estamos quemando suelen estar mal. Pero es que aunque no lo estuvieran, qué más da... Imaginemos que en 30 minutos de bici hemos quemado 300 calorías, ¿te parece mucho? En cuanto te tomes un pincho de tortilla las recuperas.

> Lo importante no es cuántas calorías quemas durante el ejercicio,
> sino cuántas quemas mientras estás en reposo, que es la mayor parte del tiempo.

Lo que buscamos al trabajar de esta manera, con picos anaeróbicos, no es solamente quemar más calorías que antes en tu sesión de entrenamiento, sino, y sobre todo, quemar más calorías después del entrenamiento, cuando ya hemos dejado de hacer ejercicio.

Los intervalos de alta intensidad son como un terremoto fisiológico para el cuerpo. Gracias a ellos has destruido infraestructuras que no funcionaban —has empezado a tirar los edificios en ruinas, las carreteras bacheadas— y eso el cuerpo tiene que arreglarlo, no puede quedarse así. Y ¿de dónde crees que saca la energía que le hace falta para repararse? Para este proceso de reparación el cuerpo necesita calorías, por eso sigues quemando después de la sesión.

Justo de eso se trata: de que tu maquinaria quemagrasas sea capaz no solo de quemar más calorías durante las futuras sesiones de entrenamiento sino, lo que es más importante, mientras estás viendo la televisión por la noche en casa.

Mientras trabajamos en este desafío de 90 días de INTENSIDAD MAX, olvídate de cuánto quemas en tu sesión. Olvídate de la báscula. Olvídate de todo lo externo porque estamos trabajando para cambiar la maquinaria interna, y en este punto las preguntas son otras. Céntrate en ellas:

¿Se está reparando mi maquinaria interior?

¿Estoy haciendo el ejercicio con la suficiente intensidad para que mi cuerpo construya más hornos?

¿Estoy haciendo ejercicio con la suficiente intensidad para que mi cuerpo siga quemando más calorías después de la sesión de entrenamiento?

¿Estoy haciendo ejercicio con la suficiente intensidad para que mi cuerpo se ponga a reparar mis autopistas interiores, para que mis obreros despierten y se activen?

¿Estoy haciendo ejercicio con la suficiente intensidad para convertirme en el tipo de persona que quiero llegar a ser?

Plantéate en cada momento si lo estás dando todo, si llegas hasta donde puedes llegar, y no menos. Si estás haciendo ejercicio con la suficiente intensidad para sudar... Porque esto tienes que tenerlo muy claro: si no sudas, no estás haciendo el ejercicio con INTENSIDAD MAX (¡y no vale ponerse plástico para sudar!).

TU CUERPO GANA VELOCIDAD DE RESPUESTA

Simplificándolo mucho, podríamos decir que nuestro cuerpo tiene un mecanismo de autorregulación que trabaja para mantener equilibrados nuestros valores internos. Ese mecanismo se llama «homeostasis».

Cuando hacemos ejercicio, la presión arterial, el ritmo de la respiración y la frecuencia cardíaca aumentan para responder a la mayor demanda de oxígeno y nutrientes. Cuando hacemos aeróbico-anaeróbico, hacemos «pesas» con los pulmones, los obligamos a ponerse más fuertes, a rendir más. Por eso al hacer un pico de intensidad como un *sprint*, notas que las pulsaciones se disparan, el corazón bombea más fuerte, los capilares se dilatan...

Si estamos en mala forma, a lo mejor nos cuesta 10 minutos que el corazón deje de latirnos a toda velocidad después de subir un tramo de escaleras.

Si estamos en buena forma, una vez nos detenemos, nos recuperamos enseguida de los esfuerzos de los picos de intensidad. Cuanto en mejor forma estamos, antes recuperan el equilibrio todas esas funciones, todos esos parámetros.

Una buena velocidad de recuperación
también es un síntoma de
buena forma física.

Al principio puede que tengas la sensación de que recuperarte en 2 minutos del primer pico de intensidad es imposible. Cuando llegues al minuto 24, pensarás que para recuperarte necesitarías por lo menos un cuarto de hora. Seguro que aparecen las zancadillas de las que hablamos en el primer capítulo: te plantearás parar porque «para el primer día, con un par de picos de alta intensidad, no está tan mal...». No lo hagas, lucha contra eso, véncete a ti misma y sigue. A veces, en esos 2 minutos de recuperación entre pico y pico, intento pensar en todas esas preguntas de antes: ¿estoy cambiando mi maquinaria?, ¿estoy mejorando mi red de carreteras?

Con el paso de los días la recuperación será cada vez más rápida. Sé inflexible contigo, al principio más que nunca: gánate la partida.

PARA RESUMIR

Lunes	Tonificación
Martes	30 minutos de ejercicio cardiovascular con picos
Miércoles	Tonificación
Jueves	30 minutos de ejercicio cardiovascular con picos
Viernes	Tonificación
Sábado	30 minutos de ejercicio cardiovascular con picos
Domingo	Descanso

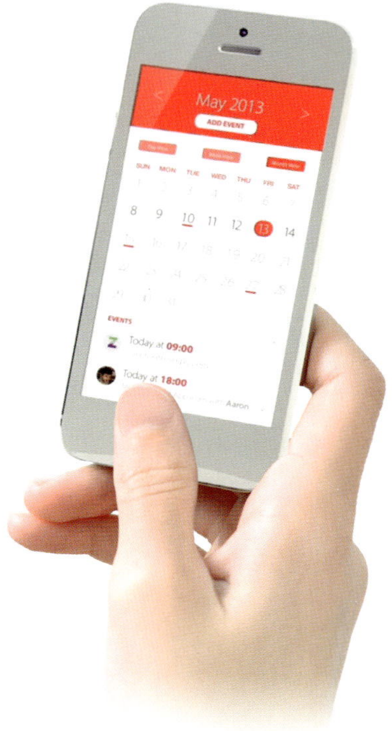

TU PLANING DE CARDIO CON PICOS

paso 1	Elige una actividad física para realizar tus picos de INTENSIDAD MAX • Muy importante que elijas la que más te guste y la que vayas a hacer • También puedes elegir una actividad al aire libre • Tiene que ser un ejercicio aérobico, todos los que estimulen las funciones del sistema cardiorrespiratorio (el corazón, los pulmones, la sangre) de forma continuada	Elíptica, cinta de correr, bicicleta estática, máquina de *step* Correr, nadar, bicicleta
paso 2	Duración del entrenamiento	30 minutos
paso 3	Utiliza la tabla de picos y la tabla PSE de la página 65 como guía para medir tus niveles de intensidad	Hacer mínimo 4-6 picos (de 30 segundos - 1 minuto dependiendo de la forma física inicial)
paso 4	Frecuencia	3 veces por semana: martes, jueves, sábado

ALGUNAS PREGUNTAS FRECUENTES

1. ¿Hay algún ejercicio aeróbico mejor que otro? ¿Qué es mejor: correr, montar en bici, el *stepper*, ir al gimnasio, nadar?

Esta forma de entrenar que estamos aplicando, con picos de intensidad, puedes hacerla con cualquier ejercicio. A mí por ejemplo me gusta la bicicleta porque a la edad que tengo no me machaca las articulaciones. Antes, cuando iba a Madrid, me gustaba ir a correr por el Retiro. Durante los primeros 20 minutos corría aeróbico, luego elegía una cuesta y hacía *sprints* de picos de intensidad, llegaba al final de la cuesta que ya no podía más.

Resumiendo: elige lo que quieras, lo que haga que te sientas bien. ¿Cuál es el mejor ejercicio? El que te guste. Elige el que más te apetezca y hazlo a muerte.

2. ¿Puedo sustituir el día que toca cardio por una clase en mi gimnasio como *zumba*, *spinning*, *bodypump*...?

Hombre... pues la verdad es que sí, mientras tengáis siempre presente en vuestra clase el concepto de los picos de intensidad. A ver... Imagina que estáis dando una clase de baile. Dependiendo de cómo sea la forma en que se hagan los movimientos, los saltos y en los periodos de descanso, variará la intensidad. Vuelvo a repetirlo, ¿cómo sabes si estás haciendo ejercicio con intensidad? Si no has sudado, si no te has cansado, si no has llegado al PSE 8-9... Si estas contándole tu plan de la tarde a la de al lado, no lo estás haciendo con la suficiente intensidad.

3. ¿Hay alguna hora mejor para hacer el ejercicio aeróbico?

La mejor hora es la que vayas a cumplir, la hora que mejor te convenga. Por mi experiencia personal, la ventaja de hacerlo por la mañana es que te lo has quitado de encima y vas a estar de mejor humor durante el día. Muchas personas lo dejan para última hora y luego les surgen compromisos, o ya están muy cansados y terminan no entrenando. Aun así, ya sabes: si la hora de comer es la hora que tienes libre, hazlo a la hora de comer. Lo importante es que lo hagas y que sea con intensidad.

4. ¿Qué pasa si un día me levanto cansada y no me apetece hacer ejercicio?

No es tan raro, a todos nos pasa a veces: me levanto cansado y esos días hago ejercicio, pero no hago picos de intensidad. Del 1-10, lo hago a un nivel tranquilo. No siempre vas a tener la misma energía. Eso sí, sé honesta contigo misma, no remolonees, y el día que la tengas lo das todo, haces tus ejercicios a un nivel 8-9 y completas tus picos como una campeona.

5. ¿Por qué cuando hago ejercicio aeróbico no suelo sudar?

Típica pregunta que me suelen hacer las mujeres, y la respuesta es evidente: «La razón de que no sudes es que nunca lo has hecho con intensidad». Si no sudas es porque te estás manteniendo en un nivel 3, que parece que estás de merienda con la amiga en el bar de al lado. Si no sudas la camiseta es porque no lo estás haciendo con suficiente intensidad. Y no hay más.

Empieza a considerar tu sudor durante el entrenamiento como un premio, la medida para cambiar tu cuerpo por dentro. Si no sudas no hay intensidad, así que aprieta los dientes y a sudar. Intensidad, intensidad, intensidad.

TONIFICACIÓN

03

musculatura tonificada =
motor Ferrari

edad + vida sedentaria = motor Vespino

motor Vespino =
quemas menos grasas y engordas

EL MÚSCULO, EL MOTOR DEL CUERPO

Si tu maquinaria quemagrasas anda en horas bajas, seguro que tus depósitos de grasa tienen excedentes y necesitas sacarlos de ahí. Lo que antes comías y quemabas ahora lo almacenas en los depósitos favoritos del cuerpo, que en las mujeres suelen estar en las caderas y el trasero, y en los hombres en el estómago.

Ahora bien, si en tu coche la gasolina se quema en el motor y no en las ruedas ni en el maletero, ¿dónde crees que se quema la mayor parte de la grasa que almacenamos en los depósitos naturales del cuerpo? ¿En el pelo?, ¿en la piel?, ¿en las uñas?

Como vimos antes, esa grasa se quema en unos hornos especializados llamados mitocondrias, dentro de las células musculares. Por eso:

Cuanto más tonificada está tu musculatura, más calorías quemas.

Una musculatura tonificada es como un motor Ferrari que consume mucha gasolina. Sin embargo, pasa el tiempo, nos hacemos mayores y cada vez vivimos de forma más sedentaria, así que nuestro cuerpo empieza a perder tono muscular. Poco a poco, casi sin enterarnos, nuestro motor Ferrari se va convirtiendo en un motor Vespino diésel. Lo que antes comías y quemabas ahora lo almacenas. ¿Qué pasa entonces? Que el cuerpo se vuelve fofo y empezamos a engordar.

Vamos a revertir ese proceso. Pero no pasas de un cuerpo Vespino a uno Ferrari poniéndote a dieta, sino haciendo ejercicio y añadiéndole intensidad.

Si cumples con intensidad este plan de entrenamiento verás cómo comienzas a tonificar tu musculatura, aumentando a la vez el poder de combustión de tu cuerpo.

¿Qué cilindrada quieres para tu motor?

Cambia tu metabolismo. Cambia tu motor interior.

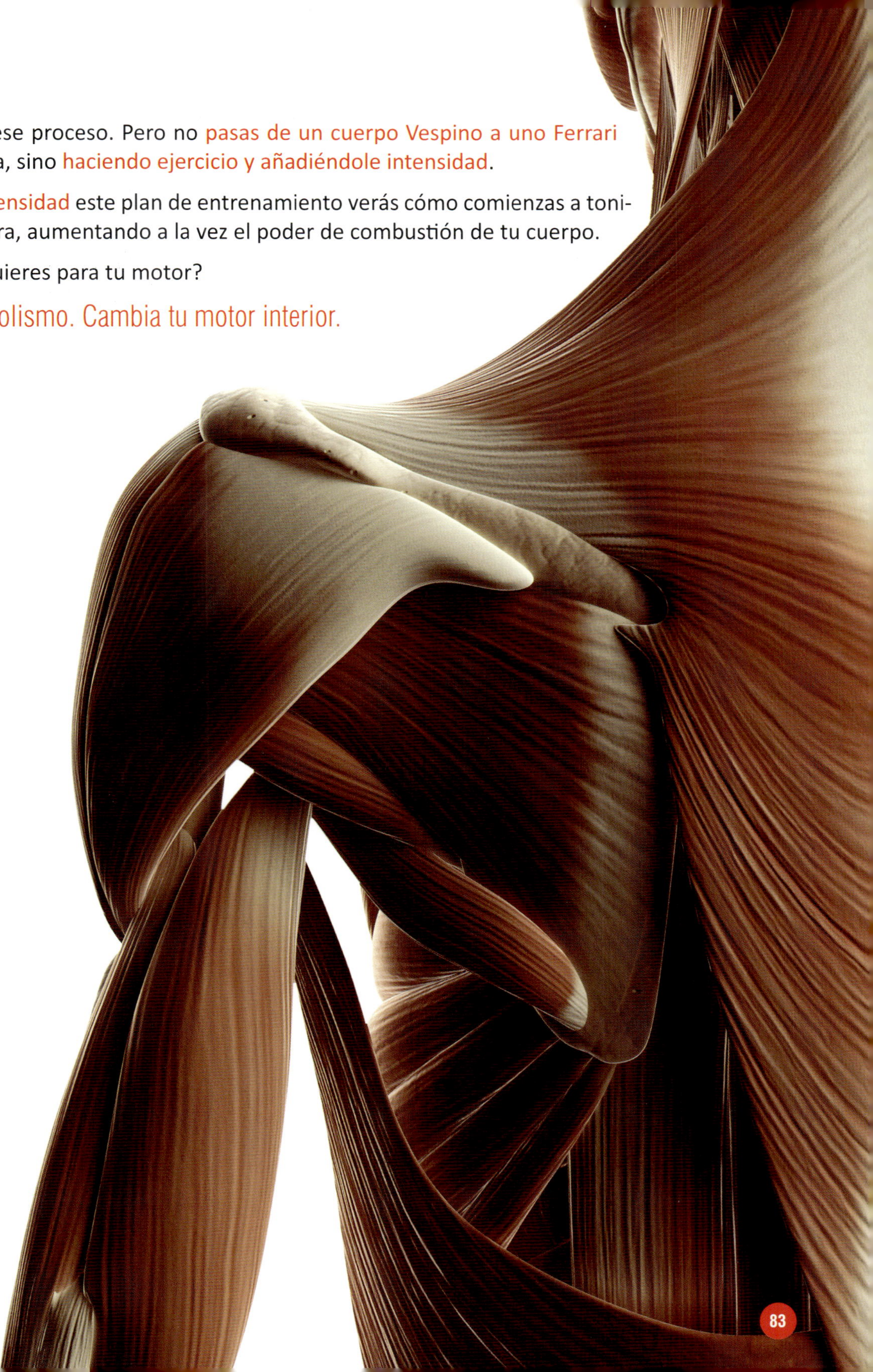

1

LA FORMA ADECUADA DE PERDER PESO

Perder peso en grasa a la vez que te pones en forma y tonificas tu musculatura

Observa dos casos de mujeres que inician un programa de entrenamiento para perder peso

ERIKA se pone a dieta:

- Hace solo aeróbico.

Qué consigue:

- Pierde 6 kilos.
- De ellos parte es músculo, parte agua y algo de grasa.

Resultado:

- La forma del cuerpo sigue igual, una versión mas pequeña de lo que era antes.

Conclusión:

- Ganará el peso otra vez de vuelta.

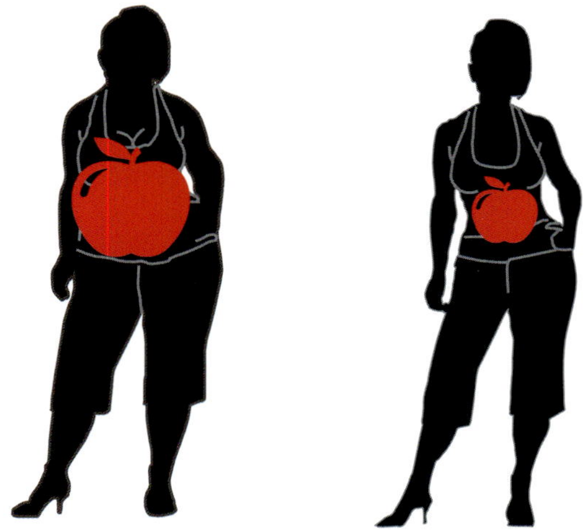

ÁNGELA hace aeróbico y pesas:

- Aprende a comer sano.

Qué consigue:

- Solo pierde 1 kilo.
- Pero ha ganado 2 kilos de músculo.

Resultado:

- Cambiará la forma de su cuerpo, más estilizado y tonificado.

Conclusión:

- No volverá a engordar.

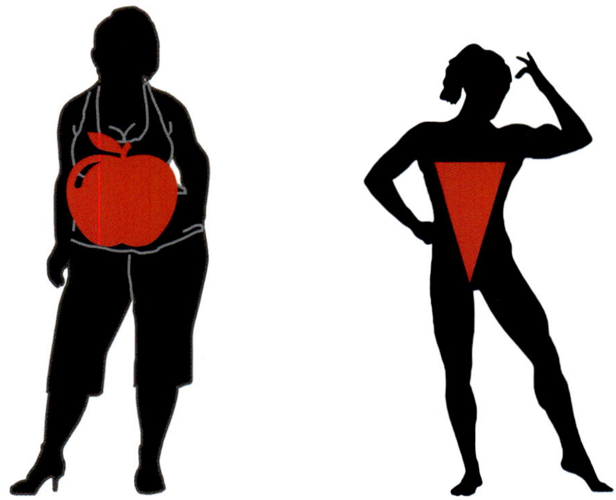

La primera ha perdido más peso en la báscula, pero vemos que de los 6 kilos que ha perdido solo una pequeña parte es grasa. Probablemente recuperará peso enseguida, y como ha perdido músculo puede que hasta recupere un poco más. Tampoco estará muy contenta con su aspecto, porque cuando se pierde peso de esta manera y sin músculo debajo queda una silueta fofa y blanda.

En el segundo caso, si hacemos caso a la báscula, vemos que solo ha perdido 1 kilo. Pero ¿cómo lo ha hecho? Si te fijas, verás que en realidad ha perdido 3 kilos de grasa y ha ganado 2 de músculo en un programa de tonificación. Ahora está más fuerte, su silueta ha cambiado y está más definida. Recuerda que el músculo ocupa menos espacio que la grasa.

El peso no es lo importante.
La buena forma no se mide en kilos.

Esos kilos de músculo extra aumentan la cilindrada de tu motor, y eso te va a permitir quemar más calorías no solo durante el ejercicio, sino en ausencia de movimiento. Al estar más tonificado podrás hacer tus sesiones aeróbicas-anaeróbicas con más intensidad, y de paso podrás también practicar tus deportes favoritos con más facilidad, ya que serás más rápida y tendrás más potencia. En resumen:

Al ganar músculo →
Aumenta tu metabolismo →
Recuperas el motor Ferrari.

Para cumplir el reto, quema la grasa, alimenta el músculo.

PUEDES ESTAR DELGADA PERO GORDA

No compras el filete que menos pesa en la báscula asumiendo que es el que menos grasa tiene.

Existen muchísimas delgadas-gordas. Más claro: ¡hasta una modelo puede estar gorda! Muchas veces la apariencia de delgadez engaña: para estar delgada no basta con pesar poco; no basta con que la camiseta te quede bien:

La delgadez no se mide por lo que uno pesa en la báscula.

Imagina que pesas 55 kilos. ¿Estás gorda? No lo sé. Esa cifra no nos dice nada, porque no sabemos cuántos de esos 55 kilos son de grasa. Hay cuerpos esbeltos que pueden reflejar un 25 por ciento de materia grasa: obesa para una mujer.

Aparentar estar delgada pero siendo fofa, blanda, no es lo mismo que estar realmente en forma y dura.

A lo mejor las primeras pueden dar el pego con un traje o un vestido, pero no pueden engañarse a sí mismas una vez se quitan la ropa y se ven delante del espejo.

Fofa, blanda, celulitis = falta de tono muscular.

Si estás blanda, fofa, si tienes michelines o celulitis, o cartucheras, lo que tienes no son síntomas de que te toca ponerte a dieta y empezar a hacer horas y horas de cardio... Son síntomas de que te falta músculo y te toca ganarlo.

2

TONIFICA TU MUSCULATURA

- Si vas a quedarte embarazada... Primero tonifica tu musculatura.
- Como vas a ponerte enferma... Primero tonifica tu musculatura.
- Si te van a operar de algo (rodilla, espalda, lo que sea)... Primero tonifica tu musculatura.
- Como vas a engordar... Primero tonifica tu musculatura.
- Como vas a envejecer... Primero tonifica tu musculatura.
- Si quieres ser deportista profesional... Primero tonifica tu musculatura.

Cuando tu cuerpo está acostumbrado a hacer ejercicio y tienes una buena base muscular es más sencillo controlar el peso. Esa es parte de la importancia del músculo. Es fácil verlo, por ejemplo, en algunos actores a lo largo de su carrera. Los ves en una película con 15 kilos extra y luego, a los tres meses, han recuperado un cuerpo impresionante. Y no es que haya ningún truco, solo que debajo de toda esa grasa había una buena base muscular. Tenía motor, y cuando tienes motor debajo se hace mucho más fácil controlar tu peso. En cambio, si engordas y no tienes nada de músculo la tarea de adelgazar cada vez se hace más cuesta arriba.

Como vas a envejecer... Primero tonifica tu musculatura

Por pura estadística, ni Fernando ni tú ni yo nos vamos a librar de ponernos enfermos alguna vez, o de pasar por alguna operación, aunque sea pequeña y, sobre todo y si todo va bien, no vamos a librarnos de envejecer. Así que los tres tenemos la misma tarea. Sea lo que sea lo que nos espera el día de mañana, un consejo que yo misma me aplico: ¡tonifica tu musculatura! Porque si lo hacemos bien nos ahorraremos muchos problemas.

Como vas a lesionarte... Primero tonifica tu musculatura

A veces, si sabes que vas a pasar por una operación, o que te toca dejar el deporte un tiempo, prefieres dejar de hacer ejercicio hasta que pasa la operación y la rehabilitación. Piensas: «Para qué, si luego me va a tocar estar parada un mes entero, ya empiezo luego». Es un error, porque creemos que el ejercicio que hayamos hecho antes no va a servir para nada y nos olvidamos de que los músculos tienen memoria. Tu cuerpo tiene memoria. En realidad, lo que vas haciendo se graba, nunca es trabajo en balde.

Si tienes una buena musculatura, luego te va a costar menos recuperar la forma, porque estarás más activa incluso en la fase de reposo.

Además, puedes seguir trabajando otras partes del cuerpo, incluso mientras estás rehabilitando. Hay muchos ejercicios específicos que no necesitan gimnasios ni demasiado espacio. Recuerdo que una vez, después de una mala caída esquiando, tuve una lesión de rodilla que me inmovilizó la pierna durante una buena temporada. A pesar de eso, seguí trabajando brazos y abdomen sin que me molestase la rodilla. Piensa que si durante ese tiempo reduces la inactividad al mínimo, después será más fácil recuperar el ritmo.

Si vas a quedarte embarazada...

Primero tonifica tu musculatura

No se suele hablar de la importancia que tiene el ejercicio antes del embarazo. Muchas mujeres empiezan a hacer algo de ejercicio después, para recuperar un poco la forma tras el parto, pero el ejercicio que haces antes e incluso durante el embarazo puede ayudar mucho. Mi hija nació en mayo de 2012, y yo estuve en la elíptica hasta el día anterior a dar a luz. A otro ritmo, claro, pero sin quedarme quieta.

Lo hice porque lo necesitaba. Estoy tan acostumbrada al deporte que quedarme parada nueve meses era algo que ni me planteaba... Necesito las endorfinas que se segregan al hacer ejercicio, me quita el estrés, la ansiedad, me da buena energía, que es lo que siempre busco.

Eso sí, siempre lo tienes que consultar antes con tu médico para estar segura de que no haya ninguna complicación, y hacer lo que él te aconseje.

Yo lo hablé con los míos y leí bastante al respecto. Por lo que dicen, son todo ventajas: no solo es que hacer ejercicio en esta época rebaja mucho alguno de los síntomas más pesados del embarazo (como las náuseas, los calambres, el cansancio o el dolor de lumbares), sino que además una vez das a luz y te recuperas, acabas con mejor cuerpo que el que tenías antes de quedarte embarazada. A mí me pasó.

Es habitual: si estabas en forma antes del embarazo y has seguido haciendo algo de deporte, el cuerpo lo nota mucho porque cuando das el pecho a tu bebé se va casi toda la grasa. Así que si no la has acumulado en exceso durante el embarazo, luego recuperas el tipo enseguida.

Durante esos meses tienes que evitar caer en uno de los «pecados» más frecuentes. No pienses: «Estoy embarazada, así que ahora hago lo que quiero y como lo que me apetezca». Si lo piensas ganarás demasiado peso. Es verdad que algunas cosas son genéticas y no puedes luchar contra ellas, como la retención de líquidos, pero sí está en tu mano la decisión de seguir cuidándote o dejar de hacerlo.

Si no has hecho deporte antes, no empieces cuando te enteres de que estás embarazada. Pero si ya lo hacías, entonces el ejercicio es muy bueno también durante el embarazo, solo tienes que adaptarlo.

Yo sobre todo me ocupaba mucho de controlar la frecuencia cardíaca. Hay un truco muy fácil: durante estos meses, sobre todo al final, tenía prohibido hacer un ejercicio a una intensidad tan alta que no pudiese mantener una conversación, 8-9-10 del capítulo anterior. Además, subía un poco el tiempo de descanso entre las series, bebía más agua y la tonificación la hacía casi sin peso, muy ligera.

Lo verdaderamente importante
es continuar activa.

Estoy segura de que algo de todo esto, junto a mi estado de forma anterior, influyó para que los nueve meses fuesen tan bien como fueron, y para que luego la recuperación fuera más sencilla. Después de un mes, y aparte de las ojeras, ni se me notaba que había tenido a la niña. En resumen:

Si el deporte forma parte de tu día a día,
no lo dejes fuera en uno de los momentos
más importantes de tu vida.

Por eso, si estás pensando en quedarte embarazada, ese es otro motivo más para afrontar este desafío de 90 días. Ponte en forma y luego vive tu embarazo y el posparto de un modo todavía más sano.

3

LAS PESAS Y LAS MUJERES

A lo largo de los años me he encontrado este problema mil veces. Muchas de las mujeres a las que entreno me dicen que quieren tener los brazos más firmes, y quieren estar menos blandas, y además quieren tener un culo bonito o estilizar las piernas... «Pero oye, Fernando: no quiero hacer pesas». Ahí es cuando yo me echo las manos a la cabeza.

¿Dices que quieres levantar el trasero, que quieres definir los brazos, que no quieres estar fofa…? Pues lo siento mucho, pero tienes que hacer pesas.

¿No ves que lo que necesitas es músculo?

Para la mayoría de las mujeres las pesas tienen una connotación negativa. Por eso muchos de los que nos dedicamos al mundo del *fitness* usamos términos como «tonificar», «esculpir», «moldear», en vez de «muscular». Lo hacemos porque las mujeres cuando les hablas de levantar pesas salen despavoridas, porque lo relacionan con volumen y se asustan. ¡Como si fuese tan fácil hacerlo!

Como entrenador, mi mayor pelea con las alumnas es convencerlas de que tienen que hacer pesas. Es obligatorio.

«Las mujeres pueden pensar que están ganando corpulencia, cuando en realidad están generando músculo antes de perder la grasa del tren inferior».

Stacey T. Sims, doctora en Fisiología del Ejercicio y Ciencias de la Nutrición en el Centro de Investigación para la Prevención de la Universidad de Stanford

La grasa es un síntoma, no la raíz del problema.

La raíz del problema es el nivel de sistema cardiovascular y tu nivel de fuerza, potencia y resistencia, es decir, músculo.

El ojo entrenado lo nota: cuando ves a una mujer corriendo o jugando al tenis y observas la manera de moverse, el control y la extensión en la zancada, el salto, la postura —los hombros hacia atrás, equilibrados, no desmadejada—, la potencia, la fuerza... Todo eso es músculo. Eso se consigue ganando músculo.

Con o sin grasa, tu cuerpo no parecerá sano y en forma sin un buen entrenamiento muscular y para eso necesitas una buena base.

No se puede tonificar un músculo que no existe.

Primero construye el músculo. Luego defínelo.

¿Aún crees que no es posible tener un cuerpo bien esculpido y a la vez muy femenino?

Los músculos cumplen un papel central en el cambio del metabolismo. Cuanto más tonificada esté tu musculatura más calorías quemas. Por eso, a la hora de entrenar, la equivocación más frecuente que cometemos las mujeres es no levantar pesas, porque resulta prácticamente imposible controlar el peso si no tenemos una musculatura adecuada debajo de la grasa.

Yo también he tenido ese miedo a las pesas durante mucho tiempo, hasta que comprobé que no es verdad, que para ponerte fuerte necesitas mucho entrenamiento específico. Hay que trabajarlo de otro modo. Una de las características que se repiten en la mayoría de los guiones de acción es que la protagonista sea una mujer físicamente fuerte, pero también femenina. Eso me pasó, por ejemplo, en la película *A todo gas*. Para el personaje de Elena Neves buscaban una mujer fuerte y femenina, y fui yo quien quiso muscular algo más los meses anteriores, porque a fin de cuentas era una policía y de todos modos, al lado de Vin Diesel o de Dwayne Johnson, hiciera lo que hiciera, iba a parecer poco musculada. Músculo y sensualidad no están reñidos, todo lo contrario: por eso es imprescindible hacer pesas, porque un cuerpo bien tonificado, bien definido resulta muy atractivo.

La belleza de un músculo trabajado y bien tonificado está precisamente en la fuerza de ese músculo. Fuerza es igual a tonificación.

¿Y SI CAMBIO LAS PESAS POR EL YOGA?

Existe la falsa creencia generalizada entre ambos sexos de que solo por hacer el entrenamiento de cierta persona vas a adquirir el físico de esa persona. Ese es un error tremendo.

Al ver fotos de una modelo haciendo yoga, muchas mujeres piensan: «Si hace yoga y tiene ese cuerpazo, el yoga tiene que ser la bomba». Sin embargo, aparte del peso de la genética, lo que no vemos es que esa modelo para tener ese cuerpo debe llevar a la fuerza una vida activa: bicicleta, tenis, *footing*, mucha tonificación y pesas...

Se lo trabajan en el gimnasio y luego complementan con yoga, porque el yoga es una filosofía de vida. Si lo practicas verás que te da mucha relajación, pero realmente solo podrás disfrutarlo de verdad cuando tengas una base de fuerza —como Elsa— para realizar las posturas de manera correcta.

¿Te va a relajar? Sí.

¿Vas a sentirte bien? Sí.

¿Vas a adquirir más flexibilidad? Sí.

¿Estoy diciendo que el yoga sea malo? ¡No! Yo lo hago.

¿Estoy diciendo que el pilates sea malo? Tampoco, porque yo también lo hago.

Si tienes la maquinaria quemagrasas estropeada, si nunca has hecho ejercicio, el yoga no va a cambiar tus mecanismos. Sin embargo, si estás en forma, si ya estás fuerte y tu músculo está a pleno rendimiento, le sacarás provecho. Cada cosa a su tiempo.

Con el plan de entrenamiento que empezamos ganarás esa base de fuerza, para poder disfrutar del yoga (si es lo que te gusta) o del pádel o del tenis. Para que saques el máximo rendimiento a tu cuerpo y exprimas cada deporte.

Para practicar yoga y hacerlo bien hace falta fuerza. Yo lo practico desde hace tiempo, pero siempre como complemento secundario a las pesas. Por un lado para ser fuerte y quitar la grasa necesitaba las pesas y el gimnasio; por otro, para sacar toda la definición del músculo y que quedase como yo quería, los estiramientos del yoga han sido fundamentales. Y eso además de las emociones que transmite el yoga, por la relajación y la respiración... Un final de entrenamiento perfecto.

ENTRENANDO CON ELSA

4

Igual que el entrenamiento aeróbico-anaeróbico, el entrenamiento de Elsa y el que vas a hacer tú con nuestro programa parten del mismo concepto de los intervalos o picos de intensidad que usamos antes. Para mejorar, pídete el máximo y no dejes que tus músculos caigan en la rutina de levantar siempre el mismo peso, o hacer siempre las mismas repeticiones. Intensidad sigue siendo la palabra clave. Intensidad y paciencia.

Vamos a sacudir estructuras, a provocar un terremoto para que tiemblen todas tus fibras musculares y luego se armen más fuertes. ¿Cómo lo haremos?

¿Cuántas series, cuántas repeticiones?

Existen muchos modos de trabajar la musculatura. Lo que aquí te proponemos es una tabla centrada en los ejercicios básicos para cada parte del cuerpo. Buscamos formar una buena base, asentar bien los cimientos.

Los ejercicios que recogemos son los de toda la vida. No es el «Método Fernando», ni el «Método Elsa», ni magia en *fitness*: eso es todo *marketing* y aquí vamos al núcleo, a los cimientos. Son los ejercicios que se han hecho siempre. Y funcionan.

Vamos a trabajarlos siempre en series y esas series irán variando contigo. Al principio, si nunca has levantado pesas quizá solo llegues a hacer la primera de las tres series marcadas. Si eres constante, con el paso de los días podrás hacer la segunda y luego la tercera.

En los ejercicios que no implican pesas (flexiones, abdominales…) haz siempre las series «al fallo». Esto significa que la serie acaba cuando ya no puedes continuar.

En estos casos, trata de pedirte el máximo e ir subiendo siempre un poco más cada día. Como punto de partida, en las series de pesas o máquinas te proponemos:

Primera serie de calentamiento: normalmente calentamos con menos peso, para llegar a 20 repeticiones. En esta serie, al costarte menos, concéntrate más en la forma y en los músculos que están trabajando en cada momento.

Segunda serie: ya hemos calentado, así que sube el peso y trata de llegar a las 10-12 repeticiones.

Tercera serie: aquí el músculo ya está al límite. Sube un poco más el peso, exígele 6-8 repeticiones.

Así como en los niveles medios de aeróbico —recuerda la tabla de esfuerzo que vimos en el capítulo anterior— puedes pensar en tus cosas y liberar tu mente, cuando haces pesas es importantísimo estar concentrado en lo que te traes entre manos. Si haces un ejercicio y no lo notas donde tienes que notarlo, pierdes el tiempo. Focaliza. Concentra todo el esfuerzo y la atención en el músculo que está realizando el esfuerzo. Vuelve a conectar con cada fibra de tu cuerpo.

Buscamos reconstruir la conexión mente-músculo, la conexión neuromuscular.

Los ejercicios que vamos a recoger en nuestro programa de 90 días requieren aparatos de musculación específicos, propios de gimnasio. ¡Lo siento! Aparte de los dibujos que ilustran el programa, te recomiendo que alguno de los monitores de tu gimnasio te explique con precisión el uso correcto de cada aparato o el modo adecuado de hacer el esfuerzo para saber dónde tienes que notar el trabajo.

Recuerda que no estamos levantando pesas, estamos trabajando músculo.

Igual que hicimos con el cardio, para la tonificación dividimos la semana en tres sesiones. Luego dedicaremos cada una de ellas a una parte del cuerpo.

Lunes: pectorales y tríceps.

Miércoles: espalda, hombros y bíceps.

Viernes: piernas y glúteos.

Empecé a entrenar con 15 años y para cuando cumplí los 18 me sentía en forma pero no tenía el cuerpo que deseaba tener. Estaba delgada, pero no bastaba: las piernas siempre las tenía más gorditas de lo que yo quería, no daba con el modo de definir bien los tríceps o los bíceps... Estaba en forma, pero no había alcanzado mi meta. No es que huyese de las pesas, pero no sabía cómo orientarlas. Luego vas aprendiendo, vas mejorando.

Este programa me proporcionó una base de fuerza que me sirvió luego de trampolín para poder disfrutar otros ejercicios, como el taichi, el surf, el yoga... Todo gracias a esa base muscular que solo puede ganarse haciendo pesas en el gimnasio. Con un plan de entrenamiento básico como este podrás avanzar poco a poco hacia tu propia meta.

CALENTAMIENTO Y ESTIRAMIENTO

Conviene calentar un poco cada día antes de ponerse a hacer picos de intensidad en musculación, porque si le exiges a tu cuerpo el máximo sin estar preparada es fácil que te lesiones. Mucha gente se prepara para estas sesiones de tonificación haciendo antes unos minutos de cardio a una intensidad media en la bici o en la cinta para activar el cuerpo. Cuando trabajas 5 o 10 minutos en la cinta de correr, las palpitaciones suben, las endorfinas se activan, te pones las pilas y ya eres capaz de empezar el entrenamiento con otras ganas y más ritmo porque tu cuerpo ya sabe que toca hacer ejercicio.

De todos modos, nosotros vamos a calentar con esa primera serie de la que hablábamos: una serie con menos peso y más repeticiones. Una especie de «cuartos» para los músculos antes de las campanadas.

Es muy importante que al terminar estires los músculos que has trabajado ese día. Te ayudará también a caminar hacia tu meta.

Yo siempre he trabajado músculo en los brazos. Buscaba por ejemplo tener los tríceps fibrosos o los bíceps bien definidos. Con las pesas ganaba músculo, pero no conseguía del todo esa forma que andaba buscando. Me ha llevado años conocer bien mi cuerpo y hoy creo que los estiramientos correctos me han ayudado mucho en esa tarea.

Necesitas las pesas para tener un músculo desarrollado, son imprescindibles. Pero para estilizar el músculo —que es algo que en una mujer queda más bonito—, esos mismos estiramientos ayudan muchísimo. También ayuda hacer yoga o pilates. Esos estiramientos cumplen una función que tu cuerpo va a notar: evitas sobrecargas, relajas y favoreces la definición del músculo.

L	M	X	J	V	S	D
LUNES	MARTES	MIÉRCOLES	JUEVES	VIERNES	SÁBADO	DOMINGO

EJERCICIOS DE BASE: INFERIOR, SUPERIOR Y ABDOMEN

Hay tres ejercicios muy básicos para valorar el estado de forma. Son ejercicios «medidores», ejercicios base que te dan una idea bastante precisa de cómo va respondiendo tu cuerpo al programa de 90 días.

Estos tres ejercicios te servirán para arrancar cada día de tonificación:

1. Flexiones de brazos.
2. Sentadillas.
3. Abdominales.

1. FLEXIONES

Para mí este es uno de los ejercicios más completos que existen para tonificar la parte superior del cuerpo. La prueba reina para medir la fuerza de una persona. De hecho, cuando opositas para bombero o cualquier Cuerpo de Seguridad del Estado, te piden que hagas un número determinado de flexiones en un minuto y con buena forma. Si quieres medir tu fuerza, tírate al suelo y cuenta cuántas flexiones eres capaz de hacer. Si no eres capaz de hacer ni una flexión seguramente no estarás muy tonificada, así que ya sabes, hay que poner remedio y empezar a fortalecer tu cuerpo.

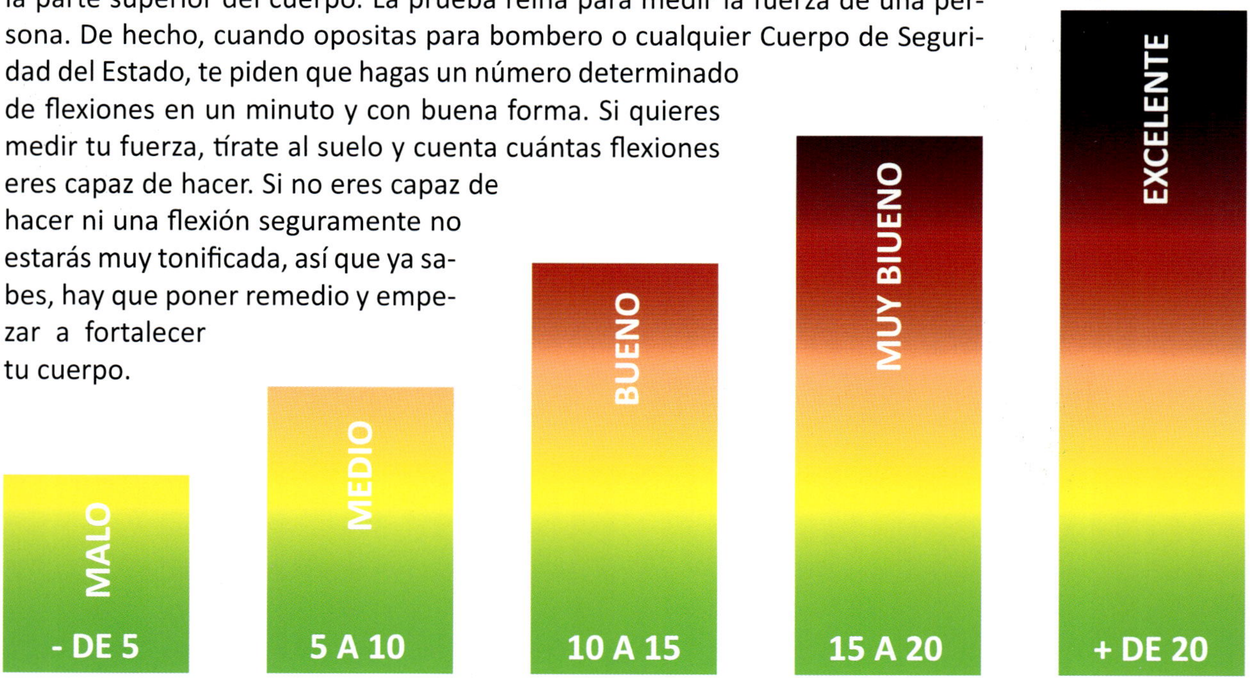

SERIES: 2 al fallo

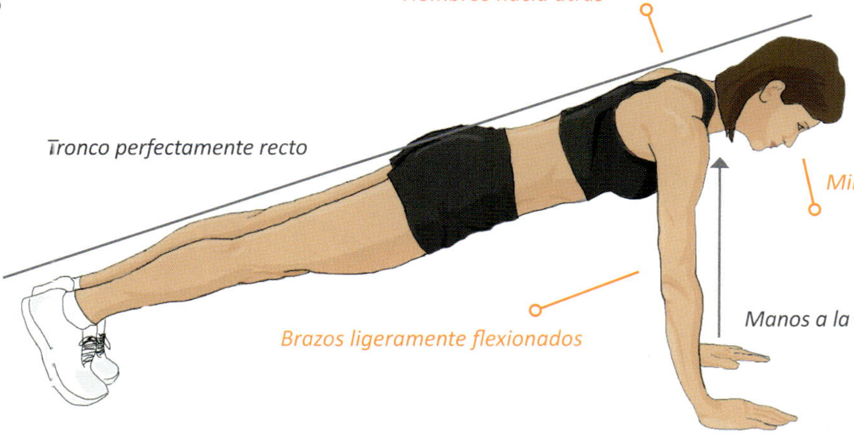

Yo ahora suelo hacer series de 16 la primera, 10 la segunda y 7 la tercera. Para la bajada cuento hasta 4; paro 1 segundo y luego subo en 2 segundos a la posición inicial porque así logras mejores resultados. Ya sabes: la bajada, más lenta y controlada que la subida. Recuerda soltar el aire en la subida.

Las flexiones de brazos son el ejercicio ideal para tonificar músculo en casa, porque, además de permitir muchas variaciones sin que haga falta equipamiento, lleva muy poco tiempo hacerlas, puedes ponerte en cualquier sitio y encima no solo trabajas pectoral, sino que también estás tonificando hombros, tríceps y los músculos de la zona media del cuerpo, de forma secundaria.

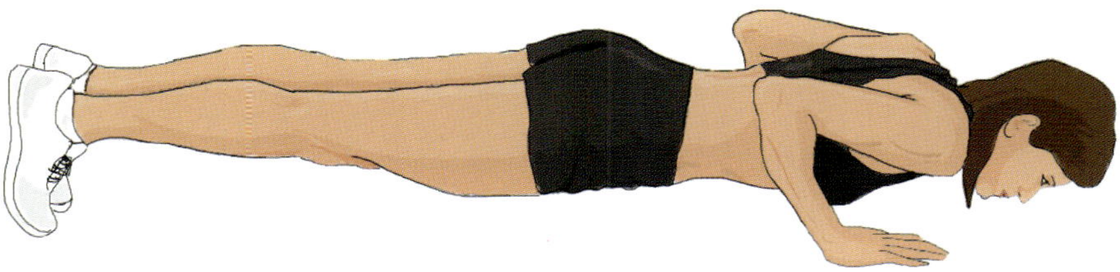

Desciende hasta rozar el suelo con el pecho y vuelve a la posición inicial

UN CONSEJO:

as manos, con una longitud igual o superior a la anchura de los hombros, brazos ligeramente flexionaos sintiendo la tensión en los pectorales. Pies juntos o levemente separados entre sí. Mantén desde la abeza a los pies una línea recta. Mirada al frente, hombros hacia atrás.

1. FLEXIONES (VARIACIÓN): FLEXIÓN CON LAS RODILLAS EN EL SUELO

SERIES: 2 al fallo

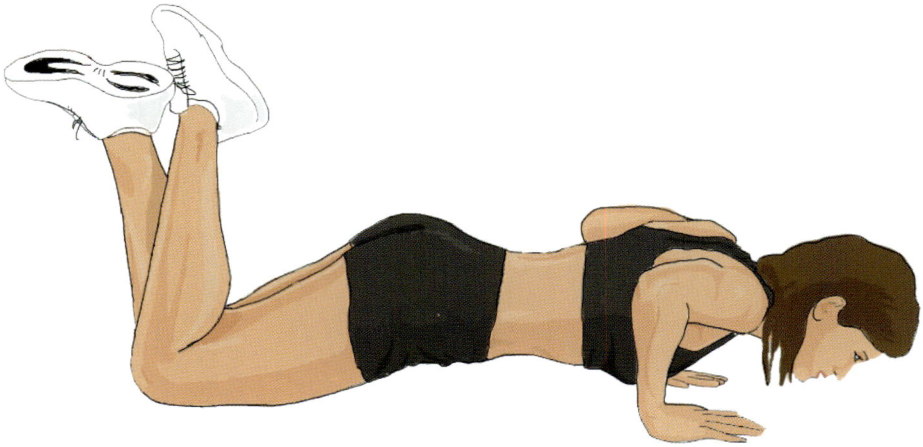

Si al principio no puedes hacer una flexión normal, prueba una variante más fácil: se hace igual, solo que apoyando las rodillas en el suelo. Así puedes ir preparándote para realizar las flexiones normales. Muchas veces las mujeres solo hacemos esta porque requiere menos esfuerzo, pero los resultados no son tan contundentes. Lo bueno es que con esta versión no fuerzas mucho tu cuerpo si acabas de empezar el entrenamiento. ¡No te acomodes en ellas! Pruébalas de entrada, pero en un par de semanas esas rodillas tienen que estar fuera de apoyo.

2. SENTADILLAS

SERIES: 2

1ª SERIE: 20 repeticiones

2ª SERIE: 10 - 12 repeticiones

La sentadilla es para la parte inferior del cuerpo lo que la flexión para la parte superior. Con un movimiento básico estás trabajando muchos músculos a la vez (glúteos, cuádriceps), es un ejercicio muy completo y, aunque lo parezca, no es tan sencillo hacerlo bien.

Es durante el descenso cuando debes coger aire. Luego lo sueltas al subir, al final del esfuerzo. En este retorno a la vertical, no extiendas por completo las rodillas.

Sentadilla con barra

UN CONSEJO:

uedes comenzar haciéndola sin peso. De entrada, coloca la arra sobre tus hombros (te ayudará además a equilibrarte) y oloca los pies con una separación un poco más de la anchura de s hombros. Recuerda mantener la cabeza erguida en todo moento y también la espalda recta: esta será tu posición inicial. s durante el descenso cuando debes coger aire. Luego lo suels al subir, al final del esfuerzo. En este retorno a la vertical no tiendas por completo las rodillas.

ste es otro de los ejercicios que salen mejor si puedes hacerlo elante de un espejo. Te ayudará a mantener la postura erguida.

Sentadilla con pesas

3. ABDOMINALES

Los abdominales son el centro del cuerpo y tienen una importancia que va mucho más allá del «es que unos buenos abdominales quedan bonitos», aunque sea eso lo que mueve a la mayoría a trabajarlos. Los abdominales, por ejemplo, nos ayudan a equilibrar el cuerpo, porque lo normal es que tengamos cierta descompensación con los músculos lumbares, lo que a la larga puede acarrear problemas de espalda.

Vamos a dividir los abdominales en dos bloques: inferiores y superiores. Cuando estamos tumbados en el suelo boca arriba con las rodillas flexionadas y levantamos el tronco, estamos trabajando los abdominales superiores. Mientras que si levantamos las rodillas hacia el pecho trabajamos los inferiores... ¡Así de sencillo!

Existen muchísimas variaciones de abdominales, pero aquí, y para nuestras sesiones de los lunes, miércoles y viernes vamos a explicar dos:

1. ELEVACIONES DE TRONCO

SERIES: 2 al fallo

Acostada boca arriba, rodillas flexionadas, pies en el suelo, manos detrás de la cabeza

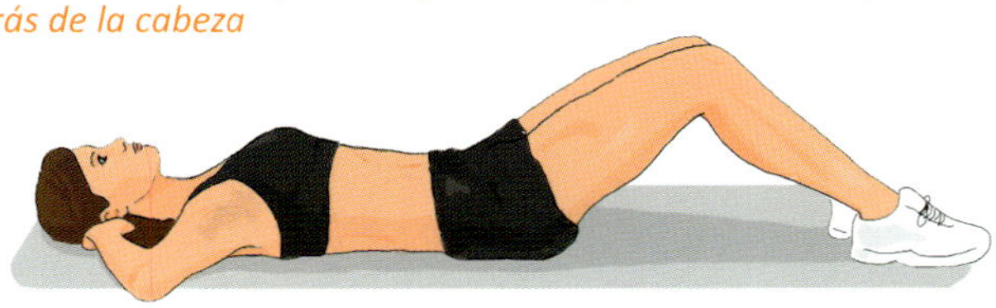

Inspira y eleva el tronco encorvando la espalda. Espira al final del movimiento. Regresa a la posición inicial, pero esta vez sin apoyar el tronco en el suelo. Repítelo hasta que aparezca la sensacion de quemazón en el abdomen. ¡Funciona!

Codos hacia atrás

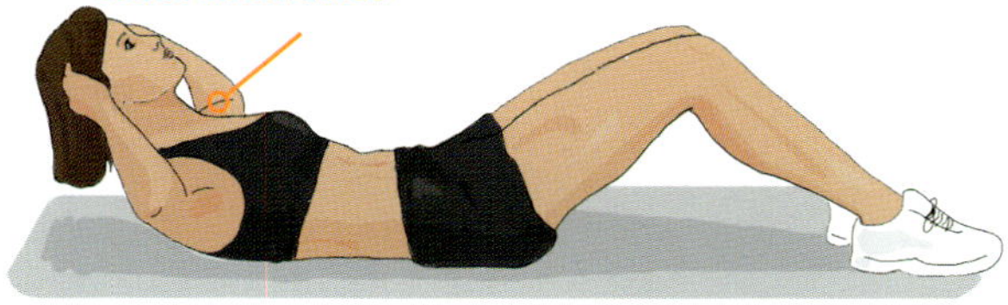

Este ejercicio trabaja los flexores de la cadera y los oblicuos pero su acción se centra principalmente en el recto mayor del abdomen

UN CONSEJO:

Para hacerlas bien tienes que prestar atención también a la respiración durante el ejercicio: suelta el aire cuando contraigas abdominal; coge aire al estirarte de nuevo. Podemos descender las piernas solo hasta la mitad del recorrido o continuar hasta casi llegar al suelo. Es importante que el ejercicio se realice lentamente, evitando el impulso.

2. ELEVACIONES DE PIERNAS

SERIES: 2 al fallo

Este también es un buen ejercicio para hacer en casa. Es el ejercicio favorito de muchos cuando se quieren «quitar la tripa», porque piensan que desaparecerá haciendo cientos de abdominales, pero ese es un mito que tienes que desmontar: hacer abdominales no te quita la grasa de la tripa.

Sin relajar la contracción de los músculos abdominales, baja las piernas hasta casi tocar el suelo. Mantén las rodillas juntas

Recuerda inspirar en la subida y espirar en la bajada

Ese «flotador» que nos sale en el abdomen es el resultado de nuestros excesos. Sabes que el cuerpo tiene varios depósitos donde acumula la grasa que le sobra, y el abdomen es uno de ellos, igual que caderas, muslos o cartucheras, glúteos y brazos. Si empiezas a hacer cientos de abdominales tendrás unos músculos abdominales muy fuertes, pero cubiertos por una capa de grasa.

La grasa de tu tripa no es de tu tripa, es de todo tu cuerpo. Es decir, si te subes a la cinta y empiezas a correr, en cuanto los músculos de las piernas ven que empiezan a fallarles las fuerzas piden grasa para llevar a cabo el ejercicio aeróbico. Esa grasa sale de los depósitos, y uno de ellos es la tripa. Si haces bicicleta estática, por ejemplo, lo lógico sería pensar que vas a perder grasa de trasero, de las cartucheras... Sin embargo, la estás perdiendo igualmente en la parte superior.

No podemos trabajar el cuerpo por partes porque cada músculo forma parte de un todo.

Si te centras en hacer abdominales porque quieres quitarte la tripa o si te centras en hacer ejercicios de glúteos y piernas, estarás perdiendo de vista la realidad de tu propio cuerpo. Para alcanzar ese cuerpo deseado tienes que seguir un programa de ejercicios continuo con picos de intensidad. Un programa con ejercicios de pesas para tonificar tu musculatura y una dieta sana y equilibrada, baja en calorías pero rica en nutrientes, sumado a una buena dosis de paciencia, porque el tiempo nunca pasa en balde.

PECTORALES, TRÍCEPS Y ABDOMINALES

Después de las flexiones, sentadillas y abdominales, tu semana empieza trabajando pecho y tríceps, y vamos a hacerlo con estos ejercicios básicos:

1. Flexiones.
2. Sentadillas.
3. Abdominales.
4. *Press* de banca con mancuernas.
5. *Press* de banca inclinada.
6. Extensión de tríceps.

4. *PRESS* DE BANCA CON MANCUERNAS

SERIES: 3

1ª SERIE: 20 repeticiones

2ª SERIE: 10 - 12 repeticiones

3ª SERIE: 6 - 12 repeticiones

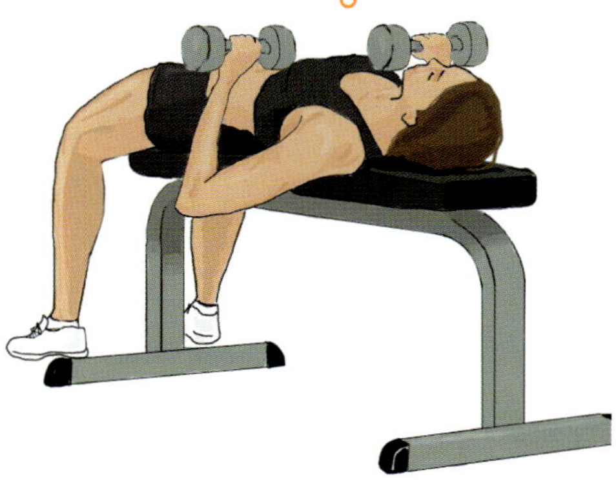

Empieza la semana y empieza el primer bloque muscular... Para hoy y para los demás días, recuerda que siempre hay que empezar con el ejercicio que más cueste porque si no, al llegar al final del circuito, ya no respondemos igual.

En este grupo muscular, el press *de banca es el más costoso para pecho, pero es fundamental trabajarlo si queremos tener un pecho firme, más bonito. Yo aquí hago 3 series, con un descanso de 30 a 45 segundos entre serie y serie, para que los músculos tengan oportunidad de recuperarse. La primera vez cojo con mancuernas de 4 kilos: 20 repeticiones. En la segunda, 5 kilos: 15 repeticiones. En la tercera, Fernando echa el resto y me pasa mancuernas de 7 kilos, al fallo, a ver hasta dónde llego... Cuesta, pero si sigues levantando pesas de 2 kilos toda la vida no avanzas, no fuerzas al cuerpo a adaptarse y cambiar, no mejoras. Con la última serie, lo que toca es salir como sea de la zona de comodidad.*

SERIES: 3

1ª SERIE: 20 repeticiones

2ª SERIE: 10 - 12 repeticiones

3ª SERIE: 6 - 12 repeticiones

4. VARIACIÓN: *PRESS* DE BANCA CON BARRA

UN CONSEJO:

Desciende muy despacio las pesas sin dejarlas caer mientras visualizas cómo se estiran los pectorales hacia afuera. Una vez están abajo, haz una paradita de un segundo y venga, ¡arriba! La subida es un poco más rápida, pero sin perder la forma.
Al principio, y cuando no estás acostumbrado, es normal no controlar el trayecto de la pesa, por eso es aconsejable que alguien te ayude cuando uses mancuernas más pesadas.

5. *PRESS* DE BANCA INCLINADA

Cuanto más inclinado está el banco, más arriba trabajas (pectoral superior, hombro). Te lo decíamos antes: mientras haces el ejercicio, concéntrate en dónde lo estás sintiendo. Yo intento olvidarme del resto (de cualquier cosa que no sea lo que estoy haciendo en ese momento) y visualizar el músculo que estoy trabajando. Trata de recordar siempre que en estos ejercicios en realidad no estás levantando pesas, sino trabajando músculo: si haces un movimiento y no lo estás sintiendo donde tienes que sentirlo, estás perdiendo el tiempo.

SERIES: 3

1ª SERIE: 20 repeticiones

2ª SERIE: 10 - 12 repeticiones

3ª SERIE: 6 - 12 repeticiones

UN CONSEJO:

Recuerda situar las palmas de las manos hacia arriba.
Como es similar al ejercicio anterior, no es necesario hacer la primera serie de calentamiento. ¡Intensidad desde el principio! Solo llevaremos más o menos 20 minutos entrenando, pero intensos. No es tanto subir y bajar mancuernas. Es hacerlo con concentración, propósito, conexión. ¡Sácale el mayor jugo posible a cada movimiento que hagas!

6. EXTENSIÓN DE TRÍCEPS EN POLEA ALTA

Para lograr un brazo bonito, mucha gente se centra en el bíceps pero para cuando tonificas el tríceps dejas atrás ese bamboleo tan habitual de los brazos fofos. Es el «músculo de la despedida», el que debe mantenerse fijo cuando dices adiós con la mano.

SERIES: 3

1ª SERIE: 20 repeticiones

2ª SERIE: 10 - 12 repeticiones

3ª SERIE: 6 - 12 repeticiones

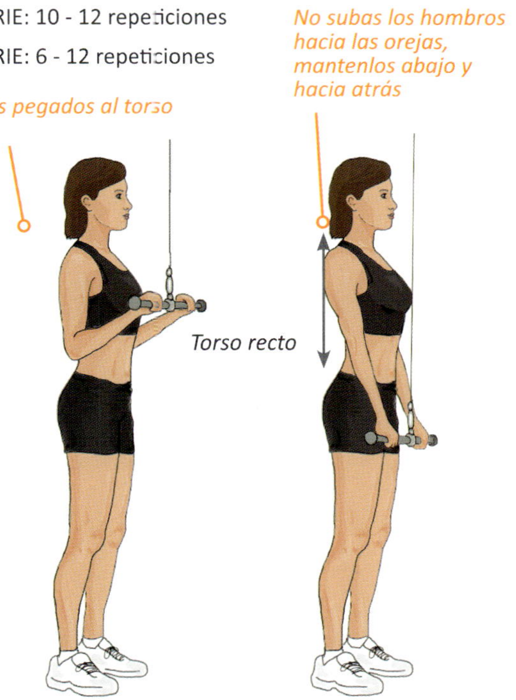

Si has trabajado bien los ejercicios anteriores ahora tendrás el tríceps en pleno terremoto. Para este ejercicio, Fernando me dice mucho que imagine el tríceps como una esponja llena de agua: al estirar y tensar la polea, la estás escurriendo. Aguanta abajo un par de segundos para escurrir.

En este ejercicio suelo hacer dos series: una primera de 15 repeticiones y luego otra con un poco más de peso y de 10. Para cuando llego a la número 7, ya me arden los tríceps y las tres últimas me cuestan muchísimo. Pero eso es justo lo que merece la pena: un entrenamiento intenso es como un terremoto para el cuerpo. Destruyes fibras, haces más de lo que creías que podías hacer.

Ahora tu cuerpo está pensando: «Con esta musculatura no puedo hacer frente a estas cargas, necesito más tejido muscular, más fibras para estar preparado en caso de que vuelva a entrenar de esta manera».

Terminamos el primer día. Si el martes no tienes agujetas, lo más probable es que no lo hayas hecho bien o no hayas conectado con los músculos adecuados al hacer el ejercicio o no lo has hecho con el suficiente peso. Como entrenador, lo que más me cuesta es que mi alumna sienta el ejercicio justo en los músculos en los que tiene que sentirlo. Si trabajas tríceps, siente el tríceps. ¡Las agujetas son un premio al esfuerzo!

X UN CONSEJO:

Mantén las palmas mirando hacia el suelo, los brazos pegados al torso y los codos siempre alineados con el cuerpo. Si solo haces fuerza con las manos y durante la extensión despegas los brazos del cuerpo, no concentras el trabajo en el músculo deseado. Un truco para evitarlo: imagina que tienes un lápiz debajo de la axila e intenta conservar inmóvil el codo al lado del cuerpo y movilizar únicamente los brazos. Haz la bajada en 2 segundos y luego sube lentamente. Recuerda que la subida es igual de importante que la bajada: en la subida también se trabajan los músculos. Espira al final del movimiento.

L LUNES | M MARTES | **X MIÉRCOLES** | J JUEVES | V VIERNES | S SÁBADO | D DOMINGO

ESPALDA, HOMBROS Y BÍCEPS

Bueno... Me imagino que ya habréis hecho vuestras flexiones, sentadillas y abdominales. ¡Ya sabéis que estos tres ejercicios son los fijos de los lunes, miércoles y viernes! Pues hoy vamos a por espalda, hombros y bíceps.

El miércoles empiezo con ejercicios de espalda. Son importantísimos porque tener una espalda tonificada es fundamental a la hora de mantener una buena postura, o incluso al andar. Según nos vamos haciendo mayores tenemos la tendencia a encorvarnos o adoptar posturas inapropiadas que hacen sufrir a nuestra espalda. Nos recostamos de más al sentarnos o al escribir o mientras leemos... Si trabajamos los músculos dorsales podremos corregir vicios posturales y reducir o eliminar esas incomodidades, a la vez que obtenemos una silueta más bonita.

1. Flexiones.
2. Sentadillas.
3. Abdominales.
4. La dominada.
5. Jalón al pecho en polea alta sentado.
6. *Press* de hombros con mancuernas.
7. Elevaciones laterales con mancuernas.
8. Bíceps.

X UN CONSEJO:

Recuerda que no estamos levantando pesas, estamos trabajando músculo. Ahora estamos trabajando el músculo de la espalda, y cuando no se hacen bien los ejercicios de espalda se tiende a cargar demasiado los brazos. Para evitar eso es fundamental tener la postura adecuada a lo largo de todo el ejercicio.
Este es también un ejercicio medidor. Si eres capaz de hacer una repetición no es necesario que me des más pruebas: estás tonificada. Conozco muy pocas mujeres capaces de hacerlo... ¡Tú puedes ser una de ellas!

4. LA DOMINADA

La dominada o chin-up es el ejercicio que mejor mide la fuerza de la espalda. Ya ves que se trata subir el peso de tu propio cuerpo, como si tuvieses que auparte a un muro. Es un ejercicio muy efectivo, pero a nosotras por tener menos musculatura en la parte superior del cuerpo nos cuesta mucho más que a ellos. Me acuerdo de que la primera vez que entrené con Fernando se apostó conmigo a que no sería capaz de hacer ni una. Para su sorpresa, la hice... ¡¡¡Toma ya!!! Todavía se lo recuerdo.

Como es muy difícil hacerla «a pelo», yo suelo empezar con 15 repeticiones en la máquina de la dominada asistida, y un peso de 40 kilos. (En la dominada asistida funciona al revés: cuanto más peso pongas, más fácil es el ejercicio porque el peso te ayuda a levantar tu cuerpo).

Después del minuto de descanso, otras 10 repeticiones con menos peso, 25 kilos; o sea, un poco más difícil.

SERIES: 3

1ª SERIE: 20 repeticiones

2ª SERIE: 10 - 12 repeticiones

3ª SERIE: 6 - 12 repeticiones

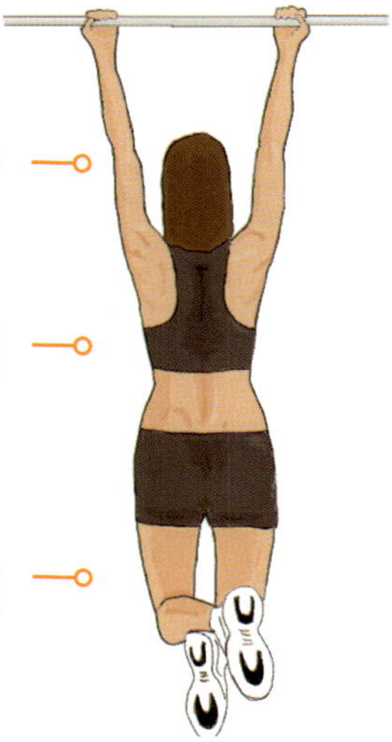

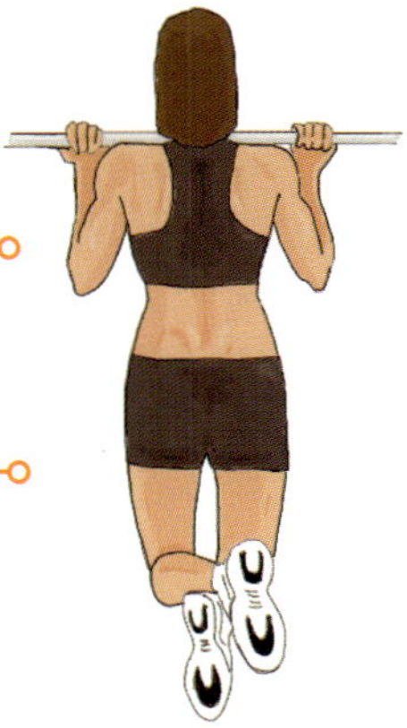

Coloca el peso adecuado para ayudarnos a subir de manera asistida. Extiende los brazos por completo y relaja los hombros para que los dorsales queden totalmente estirados. Inspira profundamente y aguanta la respiración mientras contraes los dorsales para elevarte lentamente. Sube hasta que la barbilla llegue a la altura de los agarres. Mantén los codos a los lados y hacia fuera. Expulsa el aire y baja a la posición inicial. El descenso es controlado, evitando dejar caer el cuerpo y frenando el movimiento para trabajar la fase negativa

5. JALÓN AL PECHO EN POLEA ALTA SENTADO

Los circuitos de espalda y hombro se me hacían bastante cuesta arriba comparados con los de brazo o pierna. Pero vi que podía complementarlo con otras actividades —¡complementarlo, nunca sustituirlo!—. Hace poco di con el boxing muay thai*, que es un tipo de boxeo que trabaja golpe de brazo y patada y que, a la vez, ha conseguido que mis hombros se pongan mucho más fuertes. Sigo haciendo hombros en el gimnasio, eso es imprescindible, pero al haber encontrado un complemento ahora las sesiones de dorsal son más gratificantes, y encima con el* muay thai *me divierto.*

Toma la barra con una separación ligeramente más ancha que la de tus hombros, siéntate en el banco de forma que la barra esté situada sobre la cabeza y acomoda las rodillas debajo del cojín del aparato

Con la espalda recta inspiramos y al espirar tiramos de la barra mientras flexionamos los codos y los descendemos por los lados del cuerpo hasta que la barra llegue a la altura del esternón. Es decir, llevamos la polea hacia el techo y regresamos lentamente a la posición inicial sin dejar caer el peso de manera brusca

El torso debe estar erguido, los brazos completamente extendidos y tus hombros elevados en la forma de una amplia letra Y

SERIES: 3

1ª SERIE: 20 repeticiones

2ª SERIE: 10 - 12 repeticiones

3ª SERIE: 6 - 12 repeticiones

X UN CONSEJO:

Esta es una máquina típica, que se suele encontrar en todos los gimnasios. Según el agarre que se utilice se trabaja la espalda por ángulos diferentes.
Para notarlo donde verdaderamente tienes que notarlo (en la espalda), has de mantener la postura correcta:
Hombros atrás, sacando un poco de pecho, con la mirada fija, baja la barra al pecho y visualiza cómo se contraen los músculos de la espalda, haz una paradita de 3 segundos, escurre el agua de los músculos tensándolos y sube la barra sin perder la postura.

6. *PRESS* DE HOMBROS CON MANCUERNAS

SERIES: 2

1ª SERIE: 20 repeticiones

2ª SERIE: 10 - 12 repeticiones con más peso

7. ELEVACIONES LATERALES CON MANCUERNAS

SERIES: 2

1ª SERIE: 20 repeticiones

2ª SERIE: 10 - 12 repeticiones

UN CONSEJO:

Los ejercicios de hombros son más fáciles para conectarte con los de espalda o piernas. Levanta tus brazos hasta que llegues al nivel de los hombros y aguanta la posición 2 segundos. No dejes caer las pesas, controla la bajada a la posición inicial.

8. BÍCEPS

SERIES: 3

1ª SERIE: 20 repeticiones

2ª SERIE: 10 - 12 repeticiones

3ª SERIE: 6 - 12 repeticiones

UN CONSEJO:

Igual que con los tríceps, una opción es imaginar que tus bíceps son una esponja llena de agua: cuando los flexionas y trabajan están escurriendo el agua. Aguanta ahí un par de segundos y vuelve a llenar la esponja antes de la siguiente repetición. La bajada hay que hacerla lentamente, sin separar los codos del cuerpo.

PIERNAS Y GLÚTEOS

Por fin… ya sé que esto es lo que todas estabais esperando, y lo comprendo porque como hombre que soy pienso que no hay nada más bonito que unos glúteos bien puestos y unas piernas estilizadas dentro de unos vaqueros… y para que os sienten bien, esmeraos en los ejercicios que os presento a continuación. Como os decía antes, es fácil conectarse con los hombros, pero conectarse con los glúteos es más difícil.

Como dato, os diré que los músculos más grandes del cuerpo se encuentran en la parte inferior (glúteos máximos).

Lo primero flexiones y abdominales y seguidamente empezamos con las sentadillas.

1. Flexiones.
2. Abdominales.
3. *Press* de piernas.
4. Las zancadas.
5. Extensión de piernas.
6. *Curl* femoral tumbado.
7. Elevaciones de cadera.
8. *Step-up* con mancuernas.
9. Abducción lateral con banda elástica.
10. Paso lateral con banda elástica.

3. *PRESS* DE PIERNAS

SERIES: 2

1ª SERIE: 20 repeticiones

2ª SERIE: 10 - 12 repeticiones

UN CONSEJO:

Esta máquina se suele encontrar en cualquier gimnasio y usándola el ejercicio es más fácil de hacer. Lo mismo que en la sentadilla con barra, cuanto más profundo bajes, más fibras reclutas en los glúteos.

Si eres nueva en esto de las pesas ya estarás notando el tembleque de las piernas, pero te aseguro que con el paso del tiempo se te irá haciendo más fácil.

4. LAS ZANCADAS

SERIES: 2

1ª SERIE: 20 repeticiones, en cada pierna

2ª SERIE: 10 - 12 repeticiones, en cada pierna

UN CONSEJO:

Damos una zancada a la vez que nos arrodillamos manteniendo la espalda recta y los hombros hacia atrás; la rodilla delantera debe formar un ángulo de 90 grados. Si quieres añadir intensidad, utiliza mancuernas.

Sentadillas, *press* de piernas y zancadas son los más difíciles, por eso empezamos con ellos. Los que siguen son más sencillos.

5. EXTENSIÓN DE PIERNAS

SERIES: 2

1ª SERIE: 20 repeticiones

2ª SERIE: 10 - 12 repeticiones

UN CONSEJO:

Tanto en la «extensión de piernas» como en el «*curl* femoral tumbado»: tardar de 3-4 segundos en regresar a la posición inicial.

6. *CURL* FEMORAL TUMBADO

SERIES: 2

1ª SERIE: 20 repeticiones

2ª SERIE: 10 - 12 repeticiones

7. ELEVACIONES DE CADERA

Muchos de los ejercicios del viernes yo los hago directamente en casa, porque no requieren ningún aparato. Este primero es tan sencillo como elevar las caderas y mantener esa posición por 1 minuto, y puedes hacer tanto con pesa como sin ella, pero hazlo notando cómo se tensan los músculos.

SERIES: 3

1ª SERIE: 20 repeticiones

2ª SERIE: 20 repeticiones

3ª SERIE: 20 repeticiones

UN CONSEJO:

La elevación de cadera es un ejercicio muy sencillo pero eficaz. Elevad la cadera empujando desde los talones a la vez que contraéis los glúteos como si fueran esponjas a las que estáis escurriendo el agua y aguantad la posición de 5 a 10 segundos.

8. *STEP-UP* CON MANCUERNAS

Si te cuesta mantener el equilibrio, este es un buen ejercicio para hacer con barra o con mancuernas. Solo te hará falta un step *un poco elevado, aunque un banco también nos servirá. Será más bajo y trabajarás menos, pero a falta de gimnasio incluso puedes hacerlo en los peldaños de una escalera.*

SERIES: 2

1ª SERIE: 15 - 20 repeticiones

2ª SERIE: 15 - 20 repeticiones

Con 20 segundos de descanso entre serie y serie

UN CONSEJO:

Damos una zancada a la vez que nos arrodillamos manteniendo la espalda recta y los hombros hacia atrás; la rodilla delantera debe formar un ángulo de 90 grados.
Sentadillas, *press* de piernas y zancadas son los ejercicios más difíciles, por eso empezamos con ellos. Los que siguen son más sencillos.

9. ABDUCCIÓN LATERAL CON BANDA ELÁSTICA

SERIES: 2

1ª SERIE: 15 - 20 repeticiones

2ª SERIE: 15 - 20 repeticiones

Es muy fácil encontrar las bandas elásticas, las tienen en cualquier tienda de deporte y por lo general las venden en packs *de distintas durezas (verde, amarilla y roja, en función de la fuerza). Recuerda que es importante huir de las rutinas, que tu cuerpo no se acomode, así que cuando veas que ya no es un reto pasa a una mayor resistencia.*

Los ejercicios con banda elástica también están muy bien porque no te obligan a ir a ningún sitio. Son ejercicios antiexcusas: no puedes decir que no tienes tiempo, o que no tienes gimnasio o lo que sea... No sirve ni la excusa de las vacaciones, porque las cintas no ocupan nada en la maleta. Te puedes echar en tu cuarto, y solo con la banda elástica y una silla montar un buen circuito de pierna y glúteo.

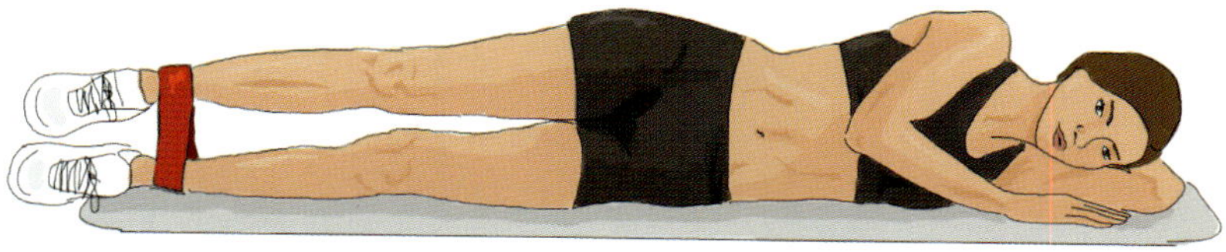

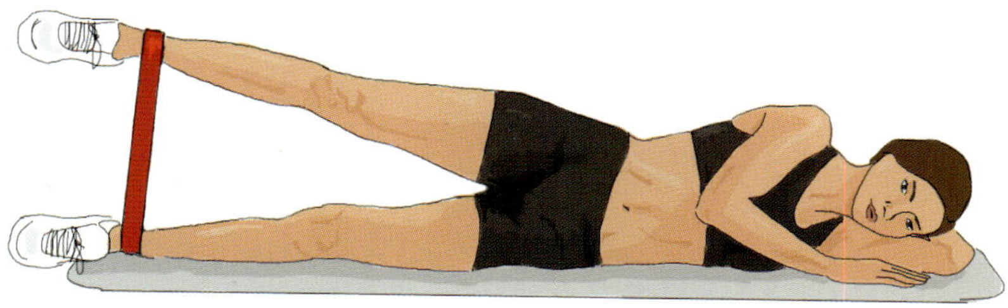

UN CONSEJO:

Sube y baja la pierna apretando el glúteo. Recuerda hacer el ejercicio lentamente, no hace falta que subas mucho, solo hasta la altura de la cadera. Repítelo luego tendiéndote sobre el otro costado.

10. PASO LATERAL CON BANDA ELÁSTICA

Yo también trabajo este ejercicio bajando la banda elástica de las rodillas a los tobillos. Y acuérdate de cambiar la resistencia de la banda si ves que ya no te supone esfuerzo.

SERIES: 2

1ª SERIE: 5 pasos en cada lado

2ª SERIE: 5 pasos en cada lado

UN CONSEJO:

Con una banda elástica alrededor de los tobillos da 5 pasos laterales amplios hacia la izquierda o hacia la derecha, para luego llevar el otro pie en la misma dirección, adoptando nuevamente la posición de partida. Mueve los pies casi pegados al suelo, y que no lleguen a tocarse: los pies nunca deben estar más juntos que en la posición inicial.

ALGUNAS PREGUNTAS FRECUENTES

1
¿Por qué no trabajamos todos los días todos los bloques musculares?

Estamos generando un terremoto en el interior de tu cuerpo. Si un día sacudes las fibras musculares de tus brazos creas microrroturas y los bíceps saben que necesitan ponerse más fuertes para rendir mejor la próxima vez que les pidas ese esfuerzo... Pero para que sea de verdad efectivo necesitan tener opción de reconstruirse. Dos terremotos dos días seguidos no dan tiempo para optimizar el trabajo del primero.

En el gimnasio disparas el terremoto, pero el trabajo de reconstrucción es por la noche. El cuerpo necesita el descanso reparador para rehabilitarse.

Queremos llevar al límite nuestro cuerpo para que ese límite vaya subiendo poco a poco. En los ejercicios de resistencia, esto va a funcionar mejor si dedicas un día a centrarte a tope en un grupo muscular, le exiges el máximo y luego permites que se recupere y mejore.

2
¿Qué pasa si tengo agujetas?

Es posible que hagas abdominales, por ejemplo, y al principio las agujetas te duren unos cuantos días. Tener agujetas es muy buena señal. Eso quiere decir que estás haciendo trabajar a tus músculos más de lo que los tienes acostumbrados, así que la siguiente vez estarán más preparados. Las agujetas lo que dicen es: «Eh, hay que estar más en forma para la próxima vez». No hablamos de machacar un día tras otro los mismos músculos, pero tampoco se trata de que tus músculos vuelvan a acostumbrarse a que la inactividad sea la rutina... Por eso hay que hacer deporte aunque tengas agujetas. Se te quitan haciéndolo.

3
¿En cuánto tiempo voy a notar los resultados? ¿Un día, diez, treinta?

Cada mujer es distinta. Dos amigas, ante el mismo programa de entrenamiento, lograrán distintos resultados en función de su genética y del punto de forma en que se encuentre cada una. Lo importante es trabajar con intensidad y medirse con una misma, igual que vimos en el capítulo anterior con los niveles de percepción subjetiva de esfuerzo.

4
¿Cómo puedo aumentar la intensidad de mis ejercicios?

Hay muchos modos de conseguirlo. Por ejemplo, sube el número de repeticiones, aumenta el peso o el nivel de resistencia, descansa menos entre series...

5
¿Me conviene más hacer muchas repeticiones con poco peso, o menos con más peso?

Es una pregunta frecuente entre las mujeres, lo vimos antes. En este plan de entrenamiento la clave está en no estancarse en un peso o un número de repeticiones concreto: sal siempre de la zona de comodidad. Trabajando en series, la primera serie será de calentamiento, así que harás más repeticiones con menos peso. En la segunda serie ya sube el peso: eso te hará bajar el número de repeticiones. En la última, si es que requiere que hagas tres series, tienes que echar el resto para poner en marcha tu cuerpo. Te costará mucho más, pero que te cueste es una señal estupenda. Eso es que vas forzando la máquina.

04

ALIMENTACIÓN MAX

LO QUE COMES, LA ENERGÍA PARA CONSTRUIR

Antes de empezar el programa de INTENSIDAD MAX tu maquinaria interior estaba estropeada.

Ahora has empezado a hacer ejercicio aeróbico-anaeróbico y pesas con intensidad, y de ese modo has enviado un mensaje al cuerpo: «Cambia, mejora, hazte más fuerte».

Tu maquinaria interior ha despertado, está trabajando, pero necesita materiales de construcción. Ahora necesita cemento, ladrillo, cables... y energía para construir.

¿De dónde crees que saca el cuerpo todo lo que necesita, como por ejemplo ese material de construcción con el que repararse?

De los alimentos que escoges.

Recuerda que la elección de los alimentos depende de ti.

Los alimentos con pocos nutrientes son paja para el cuerpo.

Los alimentos ricos en nutrientes son el cemento, el hormigón, los ladrillos...

¿Ya has decidido con qué material quieres construir los cimientos de tu yo futuro?

MANOS A LA OBRA

1

COMIDA Y MÁS COMIDA

«Que la comida sea tu alimento y el alimento tu medicina».

Hipócrates

Hoy en día hay comida por todas partes. Tenemos bares y restaurantes a la vuelta de cada esquina. Comida en la gasolinera, en puestos ambulantes, en el cine, en trenes y aviones... Hoy hay que tener más fuerza que nunca para decir que no y mantenerse firme, porque es un bombardeo constante.

Al menos cuando comes en casa es más sencillo comer sano, y sabes exactamente qué ingredientes has utilizado en la cocina. Ahora es imposible cruzar la puerta, da igual la hora, y no pasar por un montón de sitios que nos ofrecen comida. Hay locales abiertos las veinticuatro horas, por si te apetece una bolsa de patatas fritas o un helado o una hamburguesa a las cuatro de la mañana.

Aristóteles hablaba de la akrasia. Muchas veces, sabiendo qué es lo bueno optamos por lo malo. Y tentaciones no nos faltan.

Unas veces porque salimos a comer por ahí y terminamos en algún sitio donde nos ponen un menú por 6 euros, o un bufé libre por 12 y al final lo único que metemos al cuerpo son demasiadas calorías. Otras porque nos lo ponen delante y no sabemos rechazarlo. Eso pasa.

Estamos sobrealimentados pero malnutridos.

Comida, comida y más comida. O trabajamos la fuerza de voluntad o tenemos todas las papeletas para terminar gordos. Y eso nos pasa a ti, a Elsa, a mí y a cualquier persona del mundo, da igual que sea electricista, abogada, actor de Hollywood o modelo de pasarela.

¿Qué falla? Lo que falla es la fuerza de voluntad, porque nadie nos obliga a tragar la comida a la fuerza. A fin de cuentas, ¿te has planteado por qué comes?, ¿por qué come la gente?

Hace poco viajé desde Los Ángeles hasta España, un vuelo de muchas horas, y fue impresionante: llegas al aeropuerto y mientras esperas para embarcar, comida; subes al avión y otra vez te ofrecen comida; a las tres horas, más comida; al aterrizar, al llegar al hotel... Un bombardeo de comida. ¿Qué podemos hacer para tener controlado lo que tomamos cada día? ¿Cómo trabajar la fuerza de voluntad y educar el cuerpo para que se alimente bien y en su justa medida, teniendo tantos estímulos delante? Eso es algo que se educa y de eso vamos a hablar en este capítulo...

LOS MOTIVOS POR LOS QUE COMEMOS DE MÁS

Comemos al impulso irracional de nuestras emociones o de nuestra agenda social.

> «Hay que comer para vivir, no vivir para comer».
>
> Molière

- Fiestas de cumpleaños.
- Compromisos familiares.
- Comidas de trabajo.
- Quedadas con amigos.
- Cenas en pareja...

A todos nos pasa lo mismo. ¿Cuántas veces no te encuentras con alguien a quien llevas tiempo sin ver, o recibes una llamada de teléfono que acaba con un: «A ver si quedamos para tomar algo y nos ponemos al día»? Cuando quedo con mis amigos, salvo cuando es para jugar a un partido de algo, siempre hay comida de por medio. Todo es comer, comer, comer...

La solución no es encerrarse sin salir y no ver a nadie. De hecho, tampoco funciona y lo sabes. Somos comedores sociales pero también comedores emocionales. ¿Qué significa? Que a lo mejor no quedo a cenar con nadie, y justo por eso decido pedirme una *pizza* para «darme una alegría». O al revés: he tenido un día estupendo y lo celebro zampándome una tarrina de helado.

Y eso ¿adónde nos lleva? ¿Por qué no nos paramos a pensar exactamente qué es lo que buscamos al lanzarnos a la comida?

¿Buscamos divertirnos?

¿Buscamos enterrar con comida algún problema que hayamos tenido?

¿Buscamos que un bol de palomitas o una *pizza* familiar nos rescaten ante una crisis puntual o mantenida? ¿Tan fácil es sentirse bien a través de la comida?

En el fondo hablamos de una batalla entre la resignación y la esperanza. Entre la autocompasión y la fuerza de voluntad. Entre sujetar las riendas con fuerza o soltarlas.

Tenemos un diablillo en el hombro que nos dice: «Qué más da, esto no hay quien lo cambie. Resígnate. Disfruta con lo que tienes: mira, si te cenas un buen platazo lleno de mil cosas, te vas a sentir mejor, y oye, te lo mereces. ¿Por qué no vas a darte una alegría?». Si le haces caso, acabarás al borde de reventar.

Ojo, que nos pasa a todos, de eso se libran muy pocos.

He conocido y he entrenado a gente de todo tipo: deportistas, actores, cantantes, empresarios... Es que da lo mismo: estoy convencido de que, cuando no la ve nadie, hasta Michelle Obama tiene la tentación de acercarse a la cocina de la Casa Blanca y tapar con un buen postre algún mal rato que haya tenido. ¡Nos ocurre a todos!

Buscamos una satisfacción inmediata, y lo que sucede es que, como todo lo que llega al instante y sin esfuerzo, esa gratificación es un espejismo y nos deja peor de lo que estábamos antes de regalárnosla.

> «Comer es una necesidad, pero comer con inteligencia es un arte».
>
> François de la Rochefoucauld

Precisamente porque la tentación está ahí y porque vivimos en una sociedad que nos bombardea con la comida, tenemos que trabajar en dos frentes:

Más atención a la voluntad y la paciencia. Menos atención al paladar.

A veces parece que todo se alinea para tentarte a romper la dieta sana. Se juntan comidas o cenas con amigos, o una semana me toca comer en el bufé del rodaje... Para mí es tan complicado como para cualquiera, pero si uno quiere comer bien no hay excusa: siempre puedes encontrar comida sana. Yo a lo mejor no encuentro la que más me apetece o en las raciones que prefiero, y siempre será algo más aburrida que la comida que puedas prepararte en casa, pero en todos los menús hay alguna opción. Al menos una ensalada, un pescado a la plancha o una carne con verduras.

En el catering de los rodajes siempre nos ponen platos de lo más tentador y poco sanos, pero sé que a mí no me convienen... y aunque a veces me permito coger un tenedor de algo, procuro no mirarlo mucho y tirar hacia las ensaladas. La opción existe, depende de ti. Es una forma de forzar el cambio.

Para evitar esto es fundamental que te conozcas a ti misma, que conozcas tus puntos débiles y cuáles son los detonantes. ¿Por qué sueles comer? ¿Cuándo te resulta más difícil resistirte a una comida que sabes seguro que no te conviene?, ¿cuando sales con amigos o de viaje?, ¿cuando estás triste o cuando estás feliz? Párate y piénsalo. Piensa bien en qué ocasiones te pasa esto y en qué tipo de comida sueles buscar en esos casos, porque ahí es cuando te va a tocar poner esa intensidad en juego.

A mí con el deporte no me pasa a menudo, pero con la comida es distinto. Antes, cuando estaba enfadada o triste, a veces podía cogerme una tarrina de helado y acabármela entera. Con el tiempo he aprendido a distinguir que también hay zancadillas emocionales y que es mejor conocerlas. Por ejemplo, sé que si discuto con alguien o si me dan una mala noticia, ese día es más fácil que me dé pereza comer sano. En esas ocasiones intento no exigirme tanto, pero sí estoy más atenta, porque justo durante esos días es más fácil dejarse llevar. Y, la verdad, no merece la pena porque luego hay que recuperarlo.

FORTALECE TU VOLUNTAD. REEDUCA TU PALADAR

Seguro que has visto o te suena aquella película de los ochenta, *Karate Kid*. En ella, el pobre protagonista se pasa media cinta dando cera y puliendo cera, cuando lo que le ha dicho al maestro Miyagi es que quiere aprender a pelear. ¿Qué enseñanza es esa? Esa actitud nos muestra, por encima de todo, la necesidad de fortalecer el músculo de la fuerza de voluntad, y también el de la paciencia.

Ese es el primero de los focos de nuestro desafío. Llevamos trabajándolo casi desde la primera página de este libro. Como un músculo más.

> Trabajando la voluntad y la paciencia, hasta el punto de interiorizarlas, nada puede frenarnos.

Si le exigimos más a nuestro cuerpo, nuestro cuerpo dará más. Si le exigimos menos, dará menos. Por eso el primer trabajo es un trabajo mental, también en este punto: fortalecer la mente para que le siga el cuerpo.

Hay un libro de Hermann Hesse, *Siddartha*, que a mí me ha gustado desde la primera vez que lo leí, hace muchos años: en él, el brahmán Siddartha realiza su recorrido hacia la iluminación, y en un momento determinado del libro se acerca a pedir trabajo a un comerciante, quien le pregunta qué sabe hacer: «Sé pensar. Esperar. Ayunar». El otro se extraña. «¿Y eso es todo?». Y sí, eso era todo, pero es muchísimo: *Siddartha* triunfa allá donde va porque tiene los mejores cimientos posibles. Esa es la base para el éxito.

Una vez trabajadas estas cualidades, el segundo foco, el segundo de nuestros objetivos, es reeducar el paladar.

Nos bombardean tanto con comidas saladas, con azúcares, con comidas procesadas que contienen potenciadores de sabor, colorantes, espesantes... que lo natural ya no nos sabe a nada. Olvidamos que nada sabe mejor que el sentirse bien por dentro y por fuera.

La clave es plantearse la pregunta adecuada, enfocar la mirada más allá del instante en que nos encontramos. ¿Qué quiere decir esto?

Muchas veces, cuando vamos a comer nos preguntamos a nosotros mismos: «¿Qué es lo que me apetece?», cuando la pregunta correcta es:

> ¿Qué necesito? ¿Qué necesita mi cuerpo para construirse bien por dentro?

Ahora mismo, sin una voluntad de hierro, nuestro cuerpo es como un bebé: sabe lo que desea, pero no lo que le conviene. Tú a un niño no le das una tableta entera de chocolate solo porque sabes que eso le encanta y se va a alegrar un montón en cuanto se lo ofrezcas, ¿o sí?

Como en el primero, en este capítulo tu desafío de INTENSIDAD MAX es de nuevo mental. Se trata de que cuando elijas qué vas a comer no pienses en tu paladar, sino en si es mejor o peor para tu cuerpo y para el objetivo final que nos hemos marcado. Es un cambio de mentalidad.

A mí me encantan los dulces y los postres, pero sé que no puedo permitírmelos todos los días. A veces pillo un postre y me tomo dos cucharadas y lo dejo. Y claro que seguiría comiendo, solo que hago el esfuerzo de racionalizarlo en esos momentos. Pienso que si sigo voy a disfrutarlo, pero en cuanto lo termine me voy a sentir fatal. No merece la pena. Prefiero controlarme y decir «dos cucharadas y fuera».

Tengo algunas amigas que no pueden. Dicen que si empiezan un postre, o una bolsa de patatas fritas o lo que sea, ya no lo dejan hasta que acaben. A mí también me pasaba, pero eso se trabaja. Cuesta, aunque si lo piensas estás cambiando el regusto dulce del postre por el regusto amargo de los remordimientos. Para mí es mejor al revés: me quedo solo con el sabor del postre y encima me siento bien porque he trabajado la fuerza de voluntad, y ganarse a uno mismo a base de voluntad es muy gratificante. Te devuelve el control.

Mucha gente no come sano porque «comer sano es aburrido». Para empezar, dices que te aburre porque no estás acostumbrada y porque tu cuerpo está intoxicado con los azúcares y las grasas. Y además, ¿por qué decides que comer tiene que ser divertido? La comida puede ser un placer, pero lo será en mayor medida si somos nosotros quienes la controlamos a ella.

Si comes «aburrido» durante un tiempo, tu cuerpo se ajusta a esa alimentación, hasta el punto de que al fin le quita la etiqueta de «aburrido», cambian las tornas, y después de una temporada comiendo bien lo que te hace polvo es meterle a tu cuerpo una hamburguesa llena de grasa, porque termina sentándote mal.

NO BASTA CON DEJAR DE COMER MAL. HAY QUE COMER BIEN

Fortaleces tu voluntad y reeducas el paladar, ¿y todo listo? Casi, solo que no se trata de que dejes de comer de forma emocional y sepas lo que te conviene y ya está.

Situación habitual con alguna clienta, durante los primeros días: «Cuéntame, ¿qué tal comiste ayer?». «Uy, fenomenal porque comí muy poco». No. Mal. Así no vamos bien. Muchas personas creen que comer sano es comer poco, pero ahí se equivocan de lado a lado.

> Comer bien no es comer poco,
> ni es no comer.
>
> Comer bien es darle a tu cuerpo
> lo que tu cuerpo necesita.

Con las mismas, lo malo de comer mal es que no has comido bien. Suena a verdad de Perogrullo, pero es así: lo malo de comer mal es que ese día no solo le has dado a tu organismo material de mala calidad para construirse por dentro, sino que además has dejado de darle material del bueno. No solo le has dado paja, sino que además ese día has dejado de darle ladrillos y cemento.

Además de dejar de comer mal, hay que empezar a comer bien. Y justo por eso ahora te toca leerte la parte pesada de este apartado: ¿cuáles son y de dónde salen esos materiales de primera para el cuerpo?

El mantenerte por un tiempo sin comer, ayunando con alguna de esas dietas extrañas que salen a veces, no sirve de nada. Conozco a gente que ha pasado veinte días casi sin comer, haciendo la dieta detox*, para adelgazar, y a mí siempre me ha dado muy mala espina. Salvo cuando he querido perder algún kilo para un papel, yo no he seguido dietas.*

Lo que sí he hecho ha sido estudiar algunas maneras sanas de alimentarse, como la macrobiótica o la mediterránea, porque lo que me interesaba era saber qué me convenía comer y por qué lo necesitaba mi cuerpo. Se trata de aprender algo más sobre cómo funcionamos por dentro, aunque sea algo muy básico, pero así es más fácil adoptarlo como forma de vida.

Si supiésemos realmente lo que nos estamos tomando cuando comemos, evitaríamos mucha comida basura. Por eso lo primero es leer, aprender un poco sobre los nutrientes esenciales. Creo que si hubiese una asignatura de Nutrición en los colegios, de adultos tendríamos más posibilidades de llevar una vida más sana. Es una de las contradicciones de la vida moderna: estamos todo el día en internet, mirando cuáles son las últimas tendencias en moda, qué restaurantes han abierto en la ciudad, qué películas van a estrenar, cómo encontrar la pareja perfecta... Pero no se nos ocurre informarnos sobre las necesidades nutricionales de nuestro organismo, qué comer para no aumentar de peso o cómo cocinar los alimentos.

Una vez que aprendas a comer de forma inteligente, podrás controlar tu cuerpo, bajar esos michelines y ganar en salud con cada bocado, en vez de meterte en dietas que tienen más de ayuno que de otra cosa y que no van a llevarte a tu objetivo.

2

ESTRATEGIAS DE ALIMENTACIÓN

Antes de meterte en la batalla debes preparar un plan. Las posibilidades de éxito serán mayores cuanto más razonadas estén, y por eso queremos pasarte algunas directrices tan básicas como eficaces que te preparen para lanzarte al plan de alimentación de estos 90 días. Presta atención...

NO METAS AL ENEMIGO EN CASA

Sabes que hay ciertos alimentos que no te ayudan nada. Lo sabes incluso antes de que yo me ponga a decirte cuáles son. Sabes que a tu maquinaria interna no le va nada bien atiborrarse de bollería industrial, patatas fritas y demás *snacks*, *pizzas* congeladas, refrescos azucarados, bebidas alcohólicas... Eso lo sabes, no es ningún secreto.

Muchos los hemos guardado en casa por si teníamos algún capricho, o con la excusa de tener algo que ofrecer si vienen invitados, o porque son muy socorridos cuando nos entra el gusanillo de la comida. A veces la nevera o los armarios de la cocina son auténticas bombas de relojería.

¿Para qué lo quieres ahí guardado? ¿Para complicarte las cosas?

Date una buena vuelta por la despensa o los armarios y destierra de casa todos esos alimentos que no alimentan nada.

Se trata de ponérnoslo fácil a nosotras mismas para que nos cueste menos no caer de bruces en la tentación de la comida. Sobre todo, ya verás como te ayuda un montón la primera semana, cuando tu cuerpo todavía está acostumbrado a ciertos caprichos que le vas a quitar de golpe. Se va a dedicar a complicarte la vida pataleando para que le des lo que quiere y cuanto más esfuerzo te suponga ceder a tus exigencias, más fácil será que no lo hagas. Esa es la mentalidad que nos toca intentar mantener en adelante. Nada de abrirle las puertas de la nevera al enemigo, ni de meterlo en el carrito de la compra.

MEJOR COMER POCO MÁS VECES QUE COMER MUCHO MENOS VECES

Una de las razones por las que la gente engorda es porque come mucho y de una toma. ¿Cómo vamos a comer a lo largo de los próximos 90 días? En resumen: menos cantidad de una vez, pero más veces al día. Para empezar, cocina para cuatro solo si de verdad sois cuatro... porque a veces parece que preparamos la mesa como si tuviésemos que alimentar a un ejército y no es el caso.

Además de bajar las raciones, vamos a vigilar cómo tomarlas. ¿La clave? En lugar de comer 2-3 veces al día una ración enorme, vamos a repartir la «entrega de materiales de construcción» en 5 envíos más pequeños, de manera que tu cuerpo tenga mayor capacidad de aprovechamiento. Este gráfico te dará una idea...

PEQUEÑAS COMIDAS: 5 VECES AL DÍA

Equivalentes a 3 comidas completas diarias, 5 pequeñas comidas cada 3 horas pueden mantenerte más sana. Pero ¿qué es exactamente una pequeña comida?

Teniendo en cuenta que una mujer necesita como promedio 2.000 calorías al día, estas comidas aportan aproximadamente 400 calorías cada 3 horas.

Si tu objetivo es perder peso, consume 1.600 calorías y toma solo 4 de las comidas indicadas, en un intervalo de 4 horas en lugar de 3.

Este tipo de dieta previene un bajo nivel de azúcar en sangre y te mantiene saciada y satisfecha por más tiempo.

Y cuando tus antojos se vayan reduciendo, podrás optar por alimentos más sanos y seguir tus elecciones con energía.

LOS EXCESOS EMPIEZAN A PARTIR DE LAS 20.00 h

Seguro que esto también te suena: llevas todo el día liada con el trabajo, portándote bien con la comida, concentrada a tope en el objetivo... Y según se va haciendo de noche y bajan las luces, baja el estrés que has ido arrastrando, la voluntad flaquea y de pronto te ves delante de una cena de dos platos y postre. Lo que pasa es que cuando te das una panzada en la cena y te acuestas a reventar, a tu cuerpo le sienta fatal.

La clave es muy sencilla y difícil a la vez: controla tu voluntad. No llegues a cenar con mucha hambre, toma algo ligero e intenta acostarte tan pronto como te sea posible. Evitarás tentaciones y descansarás más.

Si a lo largo del día tienes que darle al cuerpo 100 «unidades» de comida, puedes hacerlo de varias formas. Puedes darle 10 + 60 + 30 (es una opción) o puedes darle 20 + 20 + 20 + 20 + 20. Al final del día habrás tomado las mismas «unidades», pero ¿cuál le ha ido mejor a tu cuerpo? Cuando comemos menos y cada menos tiempo, el cuerpo tiene ocasión de asimilar bien lo que le damos, y encima cuando comemos lo hacemos sin el ansia que puedes sentir cuando llevas seis horas sin probar bocado. Una lluvia fina siempre es más productiva para la tierra que un chaparrón de verano.

Yo uso un truco a la hora de la comida para controlar mi apetito: antes de empezar a comer me tomo un gran vaso de agua templada y casi siempre empiezo tomando una buena ensalada variada. Tanto el agua como la ensalada me llenan el estómago, de manera que, al llegar el plato principal, no hay sitio para atiborrarse.

LLEVA UN DIARIO DE COMIDA

Una tarea tan simple como beneficiosa, y te ayudará más cuanto mayor sea el detalle. O sea, que no apuntes «ensalada» sino «lechuga, 2 tomates, media manzana...» y también los horarios. Ya me entiendes: detallado.

Si lo haces durante unos días antes de comenzar el programa, verás hasta qué punto eres una comedora social o emocional, o dónde tienes tus puntos débiles con la comida. Y durante el programa de 90 días te servirá como un espejo ante ti misma. Verás lo gratificante que resulta acabar de comer y anotar que has cumplido tu objetivo para ese día.

Además de apuntar lo que ya has comido, visualiza en ese diario el día siguiente... Apunta qué vas a comer y cúmplelo. Te estarás preguntando: «¿Y si en mi diario no están todas y cada una de las 90 páginas anotadas con comida cien por cien sana y con cero caprichos?». Pues todo seguirá bien y conforme lo planeado porque no se trata de que seas perfecta, a veces hay que destensar un poco la cuerda. Para eso está la Fórmula 80/20. ¿Que qué es eso? Tú sigue leyendo...

Además de qué alimentos come y a qué horas, mucha gente anota en estos diarios otros detalles como con quién o dónde estaba cuando comía, por ejemplo. Así puedes ver si te cuesta más mantenerte firme si estás en determinados sitios o con determinada gente, no por evitarlos, sino por estar más pendiente porque sabes que te resultará un poco más complicado. Al final, recuerda que saber es poder, así que cuanto más te conozcas, más herramientas tendrás al alcance de tu mano para conseguir tus metas. Además, te resultará divertido leer tu diario cuando hayas superado el desafío de 90 días y tengas una forma de alimentarte de lo más saludable. Verás qué diferencia.

LA FÓRMULA 80/20

Lo importante, como te decía, no es ser perfecta siempre. Lo importante de verdad es lo que hagamos el día a día.

En Navidades pásatelo bien. Que te vas de vacaciones, disfruta y olvídate del plan. Que tienes un día de fiesta, aprovéchalo. Eso es el 20. Pero con el 80 tienes que ser una guerrera, tienes que ir a por todas, sin ceder lo más mínimo. Con intensidad máxima. Tienes que exigirte todo, sin guardarte ni un poco durante el 80 por ciento del tiempo; y el 20, te relajas.

Esta fórmula tiene muchas ventajas, y una de ellas es que verás cómo el 20 lo vas a aprovechar mucho más. ¿Por qué? Porque si te estás pegando homenaje tras homenaje, eso deja de ser homenaje y se convierte en rutina. No la disfrutas porque la tienes cuando quieras. Sin embargo, si te estás conteniendo, si estás trabajando con todas tus fuerzas el músculo de la voluntad, cuando te dices «venga, ahora sí», entonces no hay el menor remordimiento y encima, como lo estabas esperando como agua de mayo, lo disfrutas el triple.

Es la ley de la degradación de la recompensa. Si te estás recompensando constantemente, ¿qué valor tiene al final el premio? Los placeres hay que espaciarlos. Dales valor, revalúalos, reduciéndolos. 80/20.

El 80 por ciento de las veces voy a comer según lo que necesita mi cuerpo. Es lo que hay: el lunes voy a saber lo que toca, el martes, el miércoles... Sin tregua. Ni un milímetro de margen para el fallo.

El 20 por ciento restante voy a comer según lo que me apetece: Navidades, mis vacaciones, mi cumpleaños...

¿Qué pasa? Que si estás ya en forma, los homenajes no te afectan tanto como si no estás en forma. Precisamente porque si has reactivado tu maquinaria quemagrasas (recuerda lo que hablamos en la segunda parte), lo que metes al cuerpo, esas grasas o carbohidratos poco convenientes, el cuerpo es más capaz de metabolizarlo. Las llaves de los hornos funcionan, los obreros trabajan, tenemos un Fórmula Uno y no un Vespino, así que el homenaje cumple de verdad su cometido.

En resumen: ponte en forma, y encima disfruta más de la vida con placeres y homenajes como los de la comida. Porque no es lo mismo que se tome una *pizza* una persona bien entrenada que el que se la tome alguien acostumbrado a una vida sedentaria.

El *cheating day*

Hacer deporte es maravilloso, pero seguir una dieta saludable no es tan divertido, es bastante más duro, la verdad. Puede afectar un poco al estado de ánimo, porque los esfuerzos mantenidos sin descansos queman.

Yo sigo una regla que llamo en inglés el *cheating day*, el «día de la trampa», y que está en la línea de eso que Fernando llama el 80/20. Es ese día que engañas un poco a tu cuerpo, o te engañas a ti misma. Es un día en el que me puedo tomar lo que me apetezca, sin pasarme, pero sí dándome el capricho, porque es imposible ser muy estricto con la dieta o con uno mismo durante mucho tiempo. Hay días en los que dices: «Ya, hasta aquí, paso».

Es así en todo. En la dieta y hasta en el trabajo. Si estás exigiéndote mucha concentración y horarios larguísimos un día y otro y otro..., al final el esfuerzo se paga caro y baja el rendimiento, ya no te concentras igual, te cambia hasta el ánimo y llega un momento en que dices: «Y ahora me he ganado dos días de vacaciones y me olvido de todo». Pues con la comida pasa lo mismo.

Te portas bien durante la semana entera, comes tu pescado, tus verduras, haces ejercicio a diario. Pero ¿a quién no le gusta darse un capricho? Eso es lo que me permito un día a la semana, ese es el *cheating day*. Ese día me consiento la tarrina de helado, o el trozo de *pizza* que llevo esperando toda la semana, y además sin remordimientos de conciencia, porque eso sí que es una tontería, ¿no? Ya que te lo consientes, lo disfrutas.

Eso sí, al día siguiente, arriba y a mantener la misma exigencia, y volver a los pescados, las verduras, la fruta. Todo eso. No es una rutina, es un premio, y luego al día siguiente hay que nivelarlo, buscar otra vez el equilibrio y volver a pensar a largo plazo. A mí hasta me empuja para ir con más ganas al día siguiente a hacer ejercicio.

Por lo general intento que el *cheating day* sea un día del fin de semana, pero si entre semana tengo un bajón por algo que haya pasado, también hay que dejarse llevar un poco por lo que te pide tu cuerpo, y tu cuerpo ese día quiere un capricho.

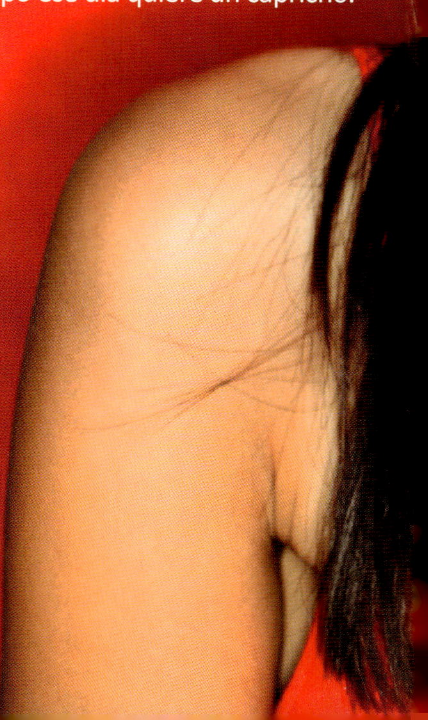

Normalmente lo hago así, aunque si paso alguna temporada en la que estoy emocionalmente de bajón, lo extiendo unos días. No es que me regale caprichos a diario, solo es que pienso: «Venga, estos días me tomo un poquito de postre». No mucho, una cucharada o dos, lo justo para sentir que estás relajando un poco la presión sobre ti misma.

Todos pasamos por rachas con más energía y rachas con menos. Y para mí el truco está en mantenerme firme, pero sin cerrarle la puerta en las narices a lo que nos está pidiendo nuestro cuerpo. Como un tira y afloja con nosotras mismas. El *cheating day* es también la recompensa por lo bien que lo has estado haciendo los días anteriores, y da fuerzas para los siguientes.

Como decía Fernando, es la fórmula del 80/20.

4

LA TEÓRICA DE LA ALIMENTACIÓN

«Vale. Nada de enemigos en casa; poca comida de una vez, y más veces al día; y apunto lo que como. Entendido. Pero, entonces, ¿qué como?», me preguntan muchas. No. No voy a limitarme a decirte lo que tienes que comer, en vez de eso te voy a orientar un poco para que cuando yo te dé consejos, tú sepas por qué te lo digo y comprendas qué hay detrás de cada indicación. Lo siento, toca un poco de teórica de la alimentación.

Tenemos que responsabilizarnos de nuestra alimentación porque es una parte importante de nuestra vida y hay mucho desconocimiento. Entiendo que es un poco pesado, pero dedícale 15 minutos a asimilar lo más básico. Será una herramienta, un nuevo punto de enganche para tu fuerza de voluntad, porque siempre es más sencillo mantenerse fuerte cuando además de un objetivo final hay unos motivos claros para seguir determinados caminos en vez de otros. *Now that you know better, you'll do better*: «Ahora que sabes más, lo harás mejor».

Nuestro cuerpo no tiene hambre de pollo, de paella, de tortilla. Nuestro cuerpo tiene necesidad de nutrientes:

1. Grasas.

2. Proteínas.

3. Hidratos de carbono.

4. Vitaminas.

5. Minerales.

6. Agua.

Cuando suministras al cuerpo esos nutrientes de manera adecuada, con las cantidades y proporciones precisas, se dice que estás siguiendo una dieta equilibrada. No es lo habitual. Como hemos dicho, en la sociedad actual estamos sobrealimentados pero malnutridos.

En otras palabras, el cuerpo pide cables, cemento, ladrillos... y le damos paja y barro. O sea, calorías vacías que no solo engordan sino que se depositan, ya que para el cuerpo no tienen ninguna utilidad.

¿De dónde sacamos ese material de construcción de primera calidad? ¿Cómo nos apañamos para darle al cuerpo esos nutrientes y cómo va a usarlos él para levantar un edificio del que podamos estar orgullosos?

El organismo humano no es capaz de crear ni destruir energía, sino que simplemente la transforma; es decir, obedece al «principio de conservación de la energía».

Necesitamos energía para mantener nuestra temperatura corporal constante, para atender el trabajo que desarrollan los órganos y las glándulas que están en funcionamiento permanente (corazón, pulmones, riñones...), para el crecimiento durante nuestros primeros años de vida, para reponer el desgaste diario de todos los tejidos y para realizar el esfuerzo muscular, sea de la intensidad que sea.

Esta energía la obtenemos de los alimentos, que son el vehículo, el transporte de los nutrientes. Recuerda que hay muchas formas de alimentarse porque alimentos hay muchos y los escoges tú, por eso es tan importante que los conozcas.

El material combustible lo constituyen las sustancias nutritivas llamadas principios inmediatos: hidratos de carbono, proteínas y grasas, que están presentes en los alimentos.

A continuación vamos a explicar de un modo muy sencillo qué es y para qué te sirve cada uno de ellos en este desafío.

LAS GRASAS

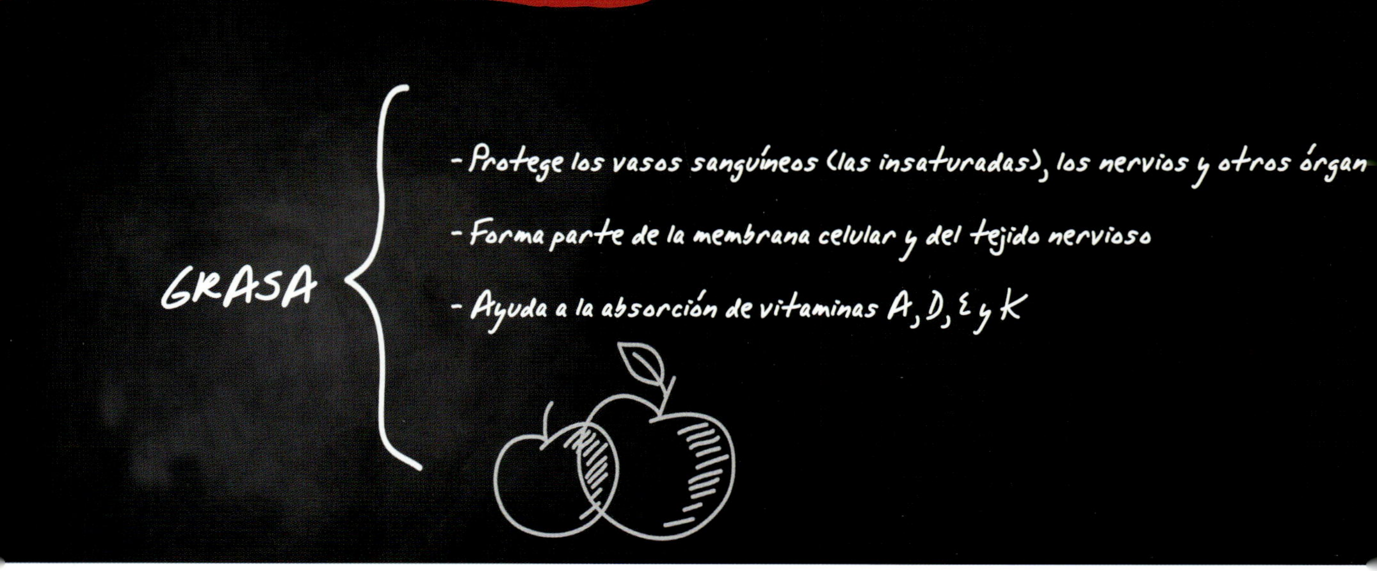

Para muchos, las grasas son algo así como la oveja negra de la familia de los nutrientes esenciales. Es oír la palabra grasa y se echan a temblar porque relacionan «grasa» en la comida con «grasa» inmovilizada en el cuerpo. Sin embargo, tenemos que quedarnos con algo importante: la grasa que comemos no se convierte automáticamente en grasa en el cuerpo.

Las grasas son un principio inmediato fundamentalmente energético y cumplen una serie de funciones muy importantes en el organismo. Tanto un exceso como un aporte deficitario de grasa pueden producir efectos adversos en nuestro cuerpo.

Hay tres tipos de grasas:

1. Técnicamente, las «malas» se llaman grasas saturadas, ya que una dieta alta en grasa saturada incrementa la acumulación de colesterol en las arterias (vasos sanguíneos), con el consiguiente riesgo para la salud. Los alimentos con muchas grasas saturadas son productos animales, tales como la grasa de la carne, embutidos, mantequilla, queso, leche entera... También contienen grasas saturadas algunos aceites vegetales, como el aceite de palma y el aceite de coco. Estas grasas son sólidas a temperatura ambiente.

2. Las grasas trans, asimismo perjudiciales, que se encuentran en ciertas margarinas, las galletas saladas y dulces y otras comidas hechas o fritas con aceites parcialmente hidrogenados.
3. Y luego están las «buenas» que son las «no saturadas» o insaturadas, y que resultan esenciales para el cuerpo: provienen de nueces, pistachos, semillas, aguacates, pescado, aceite de oliva virgen extra.

Hay que tener presentes las grasas en la cocina. Recuerdo que cuando era más jovencito y llegaba a casa desde Estados Unidos, con un montón de lecturas y teorías sobre alimentación sana en la cabeza, mi madre se asustaba. En casa llevaban comiendo el mismo tipo de cocina toda la vida y llegaba yo con la revolución a cuestas, así que mi madre, que me veía volcadísimo en lo mío, intentaba tranquilizarme: «No te preocupes, que hoy vamos a tomar una comida muy sana, ya verás», y mientras lo decía yo oía a lo lejos, llegando desde la cocina, ese sonido tan reconocible del chisporroteo del aceite hirviendo en el fuego. Abría la puerta, salía todo el humo, el olor del aceite... ¿Sano? Imposible.

Recuerdo una dieta que hice hace tiempo. Tendría unos 18 años y empecé una que vi en alguna revista. Esa dieta recomendaba eliminar casi por completo las grasas. Pensé «genial, parece bastante fácil». Pero no fue como yo esperaba: cada hora tenía hambre, no me llenaba, llegaba a los castings *y me sonaban las tripas. Evidentemente tardé muy poco en abandonarla, es obvio que eliminar uno de los nutrientes en la dieta es un error.*

Ahora sí tomo grasas, aunque lo que hago es controlar para limitar al mínimo las grasas saturadas que se encuentran en carnes rojas y de cerdo, en el pollo con piel o la leche entera.

Para sumar esas grasas a mi dieta recurro mucho al aguacate, que me encanta, y lo añado siempre a mis ensaladas y a los batidos. También tomo aceite de oliva virgen extra, que utilizo para las ensaladas o en tostadas en el desayuno, pero procuro no pasarme de tres cucharadas diarias. Una buena idea es tomarse un puñado de nueces y frutos secos crudos sin sal, como snacks *(además, las nueces, por ejemplo, suelen recomendarse para mejorar la conexión neuronal y reducir las enfermedades cardiovasculares). También como bastante pescado azul que contiene ácidos grasos saludables como el omega 3 y 6. El salmón a la plancha, el atún o las sardinas me encantan. En fin, que las grasas, como ves, van mucho más allá de los fritos.*

LAS PROTEÍNAS

PROTEÍNA

- Aporta los aminoácidos esenciales, necesarios para el crecimiento y la reparación de tejidos
- Forma parte de anticuerpos, hormonas, lipoproteínas, glucoproteínas y enzimas

Las proteínas, por decirlo de alguna manera, son los ladrillos, es material de construcción para el cuerpo. Es el proveedor de aminoácidos esenciales de nuestro organismo (así es como asimila las proteínas el cuerpo).

Las encontramos en la carne, pescado, legumbres, frutos secos, huevos, cereales, y productos lácteos como el queso o el yogur.

Como todo, son buenas en su justa medida. Es decir, es bueno comer pollo, desde luego... pero si te tomas un pollo entero la has fastidiado. Y eso por no hablar de los acompañamientos: comer un filete de pollo a la plancha es bueno, pero deja de serlo si en vez de un filete te has tomado cuatro, al freírlos los has bañado en aceite y los cubres con queso fundido. «¡Pero si el pollo y el queso son fuentes de proteínas!». Sí, pero todo en su justa medida, y cuanto más limpio mejor. Recuerda que lo que buscamos es darle a nuestro cuerpo el mayor número de material de construcción de calidad (nutrientes) con el menor número posible de calorías: eso se llama densidad nutritiva.

En algunos sitios se habla de las ventajas de seguir una dieta solo de proteínas; es uno de los riesgos de meterse en una dieta sin saber exactamente qué función tiene cada nutriente. Un consumo excesivo de proteínas puede producir una sobrecarga en el organismo que afecte a los riñones y el hígado, al ser estos los encargados de eliminar las sustancias de desecho que generan las proteínas. Estas son necesarias en toda dieta saludable y equilibrada, pero no pueden ser el centro de ninguna dieta, igual que pasa con el resto de los nutrientes.

LOS HIDRATOS DE CARBONO O CARBOHIDRATOS

Si preguntas por un ejemplo de hidratos de carbono, la mayoría te mencionará la pasta: macarrones, espaguetis... «La pasta es sana, la toman mucho los deportistas». Sí, es sana, pero ¿cuánta necesita tu cuerpo? Tómate un bol entero de pasta si has hecho tres horas de entreno o te has metido una contrarreloj, no si has cogido el metro en la puerta de casa y hoy no has andado más de veinte minutos, y para muchos ya es pasarse, sumando el total de tus desplazamientos.

Los hidratos de carbono —también llamados carbohidratos, glúcidos o, más comúnmente, «azúcares»— son macronutrientes de carácter eminentemente energético, ya que nos aportan en torno a 4 kcal por gramo, energía fundamental para el desarrollo de la actividad física y de las funciones vitales. Por ejemplo, resultan imprescindibles para el funcionamiento del cerebro.

Se encuentran sobre todo en los alimentos de origen vegetal —además de en la leche y sus derivados y la miel— y se clasifican en complejos y simples o sencillos.

Los carbohidratos complejos son fundamentalmente almidones y pectinas y están en los cereales (trigo, maíz, arroz...) y en las legumbres (judías, lentejas, garbanzos...), entre otros alimentos. Mientras que los simples o sencillos se hallan en disacáridos como la sacarosa, la lactosa y la maltosa, y en monosacáridos como la glucosa y la fructosa.

Puestos a favorecer nuestra búsqueda de «azúcares buenos», la fibra es una buena pista: cuanta más fibra tenga, mejor. ¿Y eso por qué? Si te acostumbras a comer carbohidratos integrales (que son carbohidratos complejos), de entrada comerás menos, porque al llevar tanta fibra te saciarás mucho antes (además de que te vendrán muy bien para regular el tránsito intestinal). Pero es que encima la energía que te aportan estos alimentos será constante en el tiempo, es decir, se irá liberando poco a poco y no de golpe —son de absorción lenta—, de modo que no se crearán picos de glucosa en el cuerpo. Resumiendo: los carbohidratos integrales son la llovizna que tu cuerpo necesita.

Cerca del 60 por ciento de los hidratos de carbono que asimila el organismo humano están en la dieta en forma de polisacáridos (sobre todo almidón vegetal). El resto se encuentra en forma de disacáridos presentes en frutas, azúcar de mesa y leche.

Alimentándonos bien, ingiriendo los carbohidratos adecuados y del modo correcto, nos alejamos de otra de las frases fatídicas: «Qué raro, me ha cambiado el metabolismo...». Esto tenemos que verlo un poco más despacio.

Pero... ¿cambia el metabolismo?

En este asunto, el concepto estrella es la insulina, que ya sabrás que es una hormona que segrega el páncreas. ¿Y qué pinta aquí?

La insulina controla los niveles de azúcar (de glucosa) en la sangre, así que cada vez que comes un plato de pasta y el cuerpo lo asimila como glucosa, la insulina se pone en marcha. ¿Qué hace? Imagina que viene a ser una llave que abre la puerta de las células (los hornos), donde entra la glucosa y se transforma en energía. Cuando tú estás en forma, es un proceso estupendo, con todos los obreros trabajando a tope: te tomas tu plato de espaguetis, llega la glucosa, cogen la llave, la meten en las células y allá que va transformada en energía.

Aquí es cuando el metabolismo te está funcionando bien, porque te alimentas bien y haces ejercicio:

azúcar = energía

Pero ¿qué suele pasar? Que nos ponemos hasta arriba de bollería industrial, patatas fritas, postres..., y además dejamos de movernos, y como pasa el tiempo y eso no cambia, llega un momento en que el sistema hace crac. Destrozamos esa maquinaria: tu cuerpo sigue segregando insulina, pero esa insulina ya no abre la puerta de las células.

Estos excesos van a los depósitos de almacenamiento, que ya sabes dónde estaban (caderas, tripa, trasero, piernas en su mayor parte). Es entonces cuando la gente empieza a decir: «Qué raro, me ha cambiado el metabolismo». Y es que ahora esas llaves ya no funcionan tan bien, no abren todas las puertas que tenían que abrir. Los hornos —como decíamos en la segunda parte, recuerda— ya no funcionan como deben, y de hecho hay menos de los que debería haber. Es entonces cuando podemos llegar a desarrollar diversas enfermedades.

Yo suelo tomar productos integrales, que son los que vienen sin refinar, y justo por eso empachan tan rápidamente. Es fácil encontrar pasta o arroz integrales, y verás como enseguida les coges el gusto.

Recuerdo que durante el rodaje de la película Didi Hollywood *nos quedamos en un hotel fantástico en el que preparan a sus clientes comida macrobiótica. Hasta ese momento yo sabía poco de la macrobiótica, pero me atraía la idea de comer sano durante un período en el que los rodajes diarios eran agotadores. Cuando terminaba la jornada, antes de acostarme tenía que prepararme los textos del día siguiente, así que necesitaba mucha energía, pero sin engordar porque en cámara pareces más llenita de lo que eres en la realidad. Y lo que me sorprendió fue que la dieta a la que me sometieron no solo me llenaba muchísimo (incluso me obligaban a comer todas las raciones, aunque me sentía saciada) sino que al final de tres meses de rodaje estaba hasta más delgada, y eso que tomaba a diario alimentos que por lo general solía tomar muy de vez en cuando en mi vida diaria. ¿Cuáles eran esos alimentos, aparte de fruta, verdura, algas, pescado? Pues cereales integrales en cantidades bastante importantes; y los platos estaban cocinados de forma muy apetecible, por lo que no me cansaba de la comida. Como acompañamiento de los platos principales solía tomar arroz integral, quinoa, bulgur, avena en grano... O sea, carbohidratos complejos, de lenta absorción, por lo que me sentía saciada y llena de energía todo el día, y eso eliminaba la tentación de tomar dulces o grasas entre horas.*

VITAMINAS Y MINERALES

Cada vitamina tiene una labor específica. Simplificando, por sí solas no proporcionan energía, pero son indispensables a la hora de ayudar al cuerpo a transformar en ella los alimentos. De igual modo, los minerales —calcio, magnesio, fósforo, hierro, potasio o litio, entre tantos otros— participan en tareas tan importantes como transportar el oxígeno por la sangre (hierro), facilitar la conservación de los huesos (calcio), regular el equilibrio de los líquidos (sodio) o conservar la elasticidad de los tejidos (selenio), solo por mencionar algunas.

Un detalle. Mucha gente me dice: «Oye, ¿me tengo que tomar un complemento vitamínico o mineral?». No. No debería hacer falta: tú preocúpate por comer bien y darle a tu organismo a través de tus comidas el material de construcción que te está reclamando. Con eso seguro que es suficiente. Aprende a comer, y no te harán falta pastillas. Cuando tú consumes una dieta equilibrada de carbohidratos de calidad —ensaladas, arroz integral, verduras, todo eso que acabamos de ver—, no tienes que preocuparte por tus vitaminas o minerales porque todos estos alimentos los contienen.

Y si crees que los necesitas por alguna causa, acude a un profesional de la salud para un chequeo.

Aparte de los cereales, algunos frutos secos pueden ayudarte en esta línea. Por ejemplo los pistachos tienen vitamina B1 y B6 y también vitamina E, además de contener minerales como hierro, magnesio o potasio y sustancias antioxidantes. También tienen un alto contenido en fibra, así que ayudan a mejorar el tránsito intestinal. Ten en cuenta que nuestra necesidad vitamínica varía en función de la edad, el sexo y hasta de la época del año.

Y qué te voy a contar de las frutas y verduras, que son auténticas bombas de vitaminas.

EL AGUA

AGUA

- Regula la temperatura corporal
- Transporta los otros nutrientes y productos residuales en el disolvent de sustancias
- Forma parte estructural de las células

Puedes pasar sin comer semanas y tu cuerpo resistirá, pero sin agua no duraríamos ni cinco días. Es un nutriente esencial, fundamental para nuestro organismo, y es muy conveniente hidratarse.

Dicho esto, tampoco es necesario ir todo el día con una botella en la mano y dando sorbos cada tres minutos. No nos volvamos locos. ¿Una media? Te diría que es conveniente beber 2 litros (unos ocho vasos) de agua a lo largo del día. Como con la lluvia, recuerda que es mejor tomar un vaso despacito y otro una hora después, que tomarse los 2 litros de ese día de golpe: esa agua no la aprovechas tan bien como deberías. Y desde luego, si tienes sed recuerda que es mucho mejor que bebas agua a que bebas café o cualquier refresco azucarado: la mejor forma de hidratarse es con agua.

UN APUNTE EXTRA...

Comer bien todos los días, darle cada día al organismo todos los nutrientes que necesita es complicado. Y más aún en según qué sitios. En Los Ángeles, por ejemplo, es muy fácil encontrar restaurantes donde te venden tortillas de clara de huevo, puestos de zumos, tienes bebidas de soja o de almendra en cualquier sitio y con buenos precios... Dentro del bombardeo de la comida, es más fácil comer sano, porque lo tienes todo al alcance de la mano. Y sin embargo, aunque sea un poco más difícil en otros lugares, no podemos permitirnos el lujo de dejar de hacerlo, de dejar de comer bien.

Por eso nos buscamos otras estrategias prácticas que nos facilitan un poco la vida. Y no hablo de pastillas. Yo me centro sobre todo en los batidos: si por la mañana te preparas un batido en el que incluyes parte de los nutrientes esenciales que el cuerpo necesita, ya llevas medio camino andado para recorrer en plenas condiciones el resto del día.

Yo empecé a tomarme más en serio hacerme batidos cuando me quedé embarazada. Necesitaba alimentarme aún mejor, así que cada mañana me tomaba un zumo en el que mezclaba cualquier fruta o verdura que tenía en la nevera: manzana, plátano, fresas, zanahorias, lechuga, pimiento, pepino... Lo mezclaba todo en la batidora y me tomaba un vaso al levantarme. Es realmente fácil de hacer y no lleva mucho tiempo. Si tienes prisa por la mañana, deja la verdura ya limpia y preparada la noche anterior y así solo tienes que meterla en la batidora... y a triturar unos minutos. Una vez más, mi consejo es no abusar de esos batidos, porque, como todo, la fibra es muy buena... en su justa medida, pues en cuanto te pasas, si tienes alguna sensibilidad dentro del sistema digestivo, puedes notar molestias, así que ¡moderación!

El resultado fue que noté una gran mejoría a nivel interno y externo, en la piel o el pelo, pero además, a mi hija India le encantan las verduras. Se toma a bocados brócoli, zanahorias o judías verdes cocidas y puede que haya influido algo mi forma de alimentarme durante el embarazo y la lactancia, así que dos pájaros de un tiro.

PROGRAMA DE ALIMENTACIÓN MAX

05

Antes de lanzarnos a los menús...

10 reglas de nutrición para bajar de peso de forma saludable:

1. No recortes demasiado tu ingestión calórica: por ejemplo, para perder 4 kilos de peso corporal al año, solo es necesario ingerir 100 calorías menos por día, así que exagerar en el recorte solo sirve para que disminuya el nivel de energía y aumente el apetito, haciéndonos más susceptibles a las comidas de alto nivel calórico.

2. No te saltes el desayuno, que no debería ser más de dos horas después de levantarte: muchas veces preferimos quedarnos más tiempo en la cama y saltarnos el desayuno para salir hacia el trabajo con un café en el estómago. Mala idea. Si han pasado ocho, nueve horas desde la cena, aguantar con un café hasta el almuerzo o incluso la comida te conducirá a lanzarte a comer desmesuradamente.

3. Desayuna más, cena menos: durante el desayuno no es malo comer más de lo que creemos necesario. Es más, conviene intercambiar algunas de las calorías de la cena por las del desayuno, porque luego tendremos todo el día para quemar lo que nos tomemos por la mañana.

4. No permitas la sensación de hambre: como vimos antes, se debe comer por lo menos cada cuatro horas y si hacemos ejercicio, dividir en dos una de las comidas, para asegurar energía extra antes y después de la actividad. Por ejemplo, si te gusta salir a correr por la mañana pronto y no tienes mucho tiempo, come una fruta antes de salir, y al volver, el resto del desayuno.

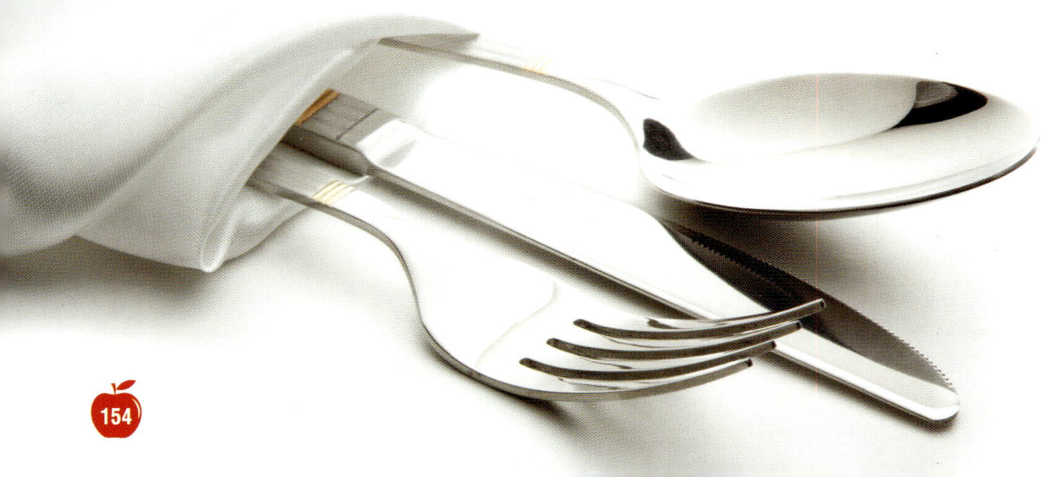

5 Come por lo menos una de estas 4 categorías y desde luego, más cantidad de frutas, verduras y lácteos:

- Pan integral, cereales sin azúcar, legumbres.
- Frutas y vegetales.
- Lácteos bajos en grasa y soja.
- Carnes magras, pescados.

6 Es preferible una pérdida gradual de grasa corporal: es más fácil recuperar rápido lo que se pierde rápido (y a veces, hasta recuperas más de lo que pierdes).

7 Evita las altas calorías líquidas que nos hacen ganar peso rápidamente: en otras palabras, evita el consumo de refrescos, zumos artificiales y alcohol.

8 Es recomendable comer la máxima cantidad de alimentos naturales: hay que encontrarle el gusto a las frutas, los vegetales y cereales en grano, que nos harán reducir el consumo de comida procesada, que contiene menos fibra y en consecuencia sacia menos.

9 Cuando comas fuera de casa, olvida las opciones que incluyan palabras tipo «frito», «rebozado», «crujiente» o «salsa especial», que seguro que tienen un alto nivel calórico.

10 Hacer ejercicio no implica comer de más porque el cuerpo solo consumirá lo necesario y tal vez terminemos con mayor peso del que teníamos cuando empezamos.

¿QUÉ MENÚ SIGO ESTOS 90 DÍAS?

Desayuno

- Kiwi, antes de nada.
- Pan tostado con aceite de oliva o huevos revueltos con aguacate en tostada o huevo escalfado con salmón si estoy fuera de casa.
- Zumo energético con verduras.
- Yogur griego con semillas de chía y trocitos de fruta, con una cucharadita de mermelada de frutas sin azúcar o una cucharada de miel: sigue siendo muy sano y le da un poquito más de sabor.

Comida

- Cualquier tipo de ensalada con verduras de hoja verde oscura, col rizada o espinacas
- Añadir algún tipo de carbohidrato como quinoa, mijo, lentejas o arroz integral.
- Proteína, como pollo a la plancha o carne picada con salsa de tomate.
- Suelo beber té kukicha, que tiene más calcio que la leche.

Snacks

- Frutos secos.
- Batidos.
- Yogures.
- Fruta.
- Rollo de pavo con queso y calentado en el microondas.

Snacks

- *Hummus* con zanahorias.
- Alguna galleta, si tengo ganas de dulce.
- Yogur con frutas del bosque.
- A veces, unas pocas palomitas hechas en casa, solo con un poquito de aceite: están muy ricas y no engordan tanto.

Cena

- Sopa de verduras o
- Una ensalada variada con un poco de queso fresco o frutos secos o
- Pasta integral con tomate y carne.
- Sopa de *miso* si he comido mucho.
- Cualquier pescado blanco y que no sea demasiado grande (por la cantidad de mercurio) o
- Una lata de sardinas con una tostada (esto está riquísimo, me encanta).
- Yogur con frutas.

En el capítulo 4 has visto qué tipo de alimentos le van mejor a tu cuerpo, qué «materiales de construcción» complementan el ejercicio físico de los capítulos anteriores y ponen tu maquinaria a trabajar a tope. También cuáles conviene evitar o, por lo menos, de qué alimentos es mejor no abusar si queremos conseguir nuestro objetivo en el desafío de 90 días. Lo bueno es que si tenemos clara la teórica de la alimentación, elegir bien resulta mucho más fácil.

Comer de forma adecuada no tiene por qué ser aburrido. ¡Sé creativa en la cocina! Enriquece tus ensaladas con quinoa o algas y combínalas con trozos de frutas. Puedes preparar bulgur como guarnición para las carnes, hazte cremas de verduras creativas, condimenta con especias... Recuerda también controlar el tamaño de las raciones y no exigirte la perfección absoluta: el 80/20 funciona.

Solo como ejemplo, allá van algunos de mis platos favoritos, lo que tomo más a menudo para darle a mi cuerpo lo que —combinado con el ejercicio físico— sé que me hará sentir bien. Tú prueba, improvisa, experimenta... La mejor versión de ti misma estará cada vez más cerca.

OTRAS ALTERNATIVAS DE MENÚS

A continuación, unos menús orientativos para tener una nutrición saludable. Sin embargo, hay que tener en cuenta que cada dieta ha de ser individualizada, según las necesidades de la persona.

Estos ejemplos han sido desarrollados por la doctora Nieves Palacios Gil de Antuñano, especialista en Endocrinología y Nutrición y en Medicina de la Educación Física y el Deporte.

Desayuno

TIPO 1

- Vaso de leche desnatada
- Cereales de desayuno integrales
- Una pieza de fruta

TIPO 2

- Sándwich de pavo
- 1 pieza de fruta
- 1 yogur

TIPO 3

- Batido de leche con fresas
- 1 tostada integral con tomate y pavo (fiambre sin grasa)

TIPO 4

- Tostada con queso fresco y pavo
- Macedonia de frutas
- Un yogur desnatado

Media mañana y merienda

TIPO 1

- Yogur

TIPO 2

- 1 pieza de fruta

TIPO 3

- Barrita con hidratos de carbono y proteínas

TIPO 4

- Una ración de frutos secos (pistachos)

Comida

- *Primeros platos:* Ensalada variada / Verdura plancha o cocida / Crema ligera
- *Segundos platos:* Pescado a la plancha o al horno (dos días a la semana) / Pollo o pavo a la plancha, carne de conejo, filete de otra carne sin grasa (dos días a la semana)
- *Postre:* Todos los días una pieza de fruta

Un día a la semana:

- Ensalada y un plato mediano de legumbres con arroz
- Ensalada y un plato mediano de pasta con tomate y atún
- Ensalada y un plato mediano de patata cocida con pescado

Cena

TIPO 1:

- Ensalada de lechuga, tomate, zanahoria, maíz, piña, dados de queso y jamón
- Yogur desnatado

TIPO 2:

- Batido que aporte proteínas, vitaminas y minerales
- Un yogur desnatado y/o una pieza de fruta

TIPO 3

- Tortilla francesa con una ensalada de tomate pequeña
- Yogur desnatado

EPÍLOGO

Pasas la última página del libro y empieza el programa de 90 días... ¿Y luego qué? ¿Qué ocurre después? Lo que ocurre es que a lo largo de estos tres meses de esfuerzo y superación personal habrás asimilado una nueva forma de vida, una manera de vivir. Nuestro objetivo es lograr que ese cambio sea permanente en ti, porque tú no quieres tener un buen trabajo que además te guste para tres meses y ya está, o no quieres tener dinero o salud o amor para tres meses y luego nada. Buscas un cambio positivo y constante. Algo para toda la vida, algo que forme parte de ti. Porque ya sabes que no es solo un cambio físico, que hablamos de sensaciones, de seguridad y confianza, de ilusiones... de sacar lo mejor de nosotras mismas en cualquiera de las facetas que nos conforman.

Hablamos de auténtica vida.

Para vivir de verdad solo nos debemos a nosotras mismas ser honestas con nuestros sentimientos y planes, no bajar los brazos y vivir con intensidad. Porque muchas veces las metas que parecen más lejanas están en realidad bien cerca. Solo hay que apretar los dientes cuando toque, y echar a andar muy decidida hacia ellas.

Y recuerda...

Si te sientes bien con tu cuerpo,
te sientes bien emocionalmente.

La fuerza de voluntad es igual que un músculo:
si la trabajas se fortalece.

Voluntad, constancia e intensidad
son las claves fundamentales en la carrera hacia tu mejor yo.

Los cambios no ocurren de la noche a la mañana
si queremos resultados duraderos.